伝説の秘書が教える

「NO」と言わない仕事術

フラナガン裕美子

幻冬舎

はじめに

初めまして。

私は、銀行や証券会社などの外資系企業と日本企業の双方で、世界を舞台に果敢な戦いを繰り広げるエグゼクティブたちの秘書として、20年以上仕事をしてきました。

そこでは、端で聞いていると、まるでドラマで起こるような難題珍問題の連続で、毎日が上司や仕事相手との真剣勝負でした。

「外資系エグゼクティブの秘書」と聞くと、すごい人というイメージを抱かれるかもしれませんが、とんでもありません。私の場合、仕事を始めた頃は、パワハラで胃が切れたり1円ハゲができてしまったり、失敗をして怒鳴られることも珍しくはありませんでした。ストレス発散にゲームセンターのもぐらたたきやバッティングセンターに通い詰めたこともあります。

そんな中で、いつも私が考えていたことがありました。

それは、「どうせ働くのであれば、少しでも楽にストレスなく働きたい」ということです。そして自分なりに工夫を重ね、ちょっとでも毎日が楽になるような働き方を探してきたのです。

それを説明する前に、まず秘書という仕事についてお話しさせて下さい。

秘書というのは、**「あらゆる職種に通じる基本」**を学べる仕事です。普段は影のように控えていますが、なくてはならない縁の下の力持ちです。どんな豪華なお城でも、縁の下の土台が揺らげば崩れてしまうのと同じ。この基本の仕事は、日々の地味な業務に見えるかもしれませんが、会社を動かすすべての仕事のベースになっているものなのです。

では、秘書の仕事から学べる具体的な「基本」をいくつかご紹介しましょう。

＊総務・庶務（あらゆるオフィス業務を効率的にこなせるようになる）
＊段取り（何をどうやったら最速かつベストな結果を出せるか考えられるようになる）
＊臨機応変対応（刻々と変わる状況でもパニックにならず対応できるようになる）

＊気配り（上層部のみならず、組織の一番下にまで常に気を配ることができるようになる）
＊おもてなし（様々なシーンでのおもてなしが要求されるので、自然と訓練される）
＊人間力（上司と仕事のために、誰とでも応対できる人間力が身につく）
＊社交術（社内外のやりとりに必要とされる社交術やマナーが身につく）
＊マネジメント（百戦錬磨の上司の一番そばでその仕事ぶりを観察できるので、人や仕事をマネジメントする方法を学べる）

このように多岐にわたる仕事をこなしている秘書ですが、そこには一つの重要な掟《おきて》があるのです。それは、「上司の命令は絶対。ＮＯを言うことはありえない！」という掟です。どんなに無理だと思う命令でも、一度「承知しました」とすべてを受け入れてみて下さい。そして上司からのリクエストを実現させるよう、あの手この手で工夫しましょう。それによって、自分自身が成長するのはもちろんのこと、ビジネスパフォーマンスも仕事の効率も、みるみる上がっていくのです。

本書でご紹介する、毎日ちょっとしたことから始められる仕事のコツや、多くのトラブルやストレスを乗り越えてきた私たち秘書からのメッセージは、きっとあなたのお役に立つはずです。これらの基本に、あなたが特化している仕事術を加えることで、今よりさらに仕事が捗《はかど》るようになることでしょう。

その上で、仕事はロールプレイングゲームのようなもの、と考えてみて下さい。毎日新しい「お題」が与えられ、それを自分の知恵と経験を生かして乗り切り、最後にはご褒美でステージクリア……そんなイメージです。そう考え始めると、不思議に日々の仕事場で自分が苦手と思っていたことが、ちょっと楽しいチャレンジに変わります。

このゲームの最中に得られる、集めるとゲームが先に進めやすくなる「アイテム」は、次に降りかかってくる仕事をクリアするための経験とアイディアです。それは知識と自信を与えてくれます。

仕事が楽しいチャレンジだって⁉　今そう思った方ほど、ぜひ試していただきたいのです。半信半疑で構いません、仕事で厄介なことが起こったら、「ミッションが来た！」と思ってみて下さい。ミッションとは、目の前の試練をあの手この手で乗り越えて、目的を達成すること。そしてその目的とは、なるべくストレスのない形で、**上司も自分も満足する仕事ができるようになる**、ということです。

「仕事という名前のゲームをしている」と考えると、肩に入っていた力が抜け、役立つアイディアが湧いてきたりもします。

「仕事だからやらなくちゃ」から、「ミッションをクリアして満足感を得るぞ！」に考えがシフトし始めたらしめたもの。憂鬱《ゆううつ》だったトラブルシュートも、面倒くさいなと思いつつ、ゲームにチャレンジするように取り組んでいる自分に気付くはずです。

本書は、自分のためのロールプレイングゲームのマニュアル感覚で読んでいただければと思います。同時に、これは私の秘書人生の中で試行錯誤して編み出した、「こうすれば今より楽に！　かつ上司が満足する仕事ができる」ための、練習ドリルでもあります。

この中には秘書の仕事術から選りすぐったノウハウの他に、実体験から得たアイディアもたくさん詰まっています。私はこの方法で、自分にも部下にも「常にベストなレベル」

を求めるモンスター上司たちから、クビにされることなくサバイバルしてきました。ですから、その成果は実証済み、必ずやお役に立てると信じています。

どんなに辛くても、どんなに面倒でも、容赦なく毎日仕事はやってきます。家族や大切な人といる何倍もの時間を過ごさなければならない職場。どうせだったら、悩みやストレスはできるだけ少なく、評価や満足が得られるような仕事をして毎日を過ごせたほうがいいですね。

本書を通じて、一人でも多くの方が、少しずつでもハッピーな気持ちで仕事ができるようになるよう、心から応援しています。

大丈夫、「ちょっと試してみようかな」そう思った瞬間にもう変化は起きています!

伝説の秘書が教える「NO」と言わない仕事術　目次

MISSION 2

無理難題を繰り返すモンスター上司を手なずけよ！

MISSION

3 やるべきことを溜めずにハイスピードで処理せよ！

MISSION 4
トラブルはチャンス、すみやかにリカバリーせよ！

MISSION 5

レベルアップするための思考法を身につけよ！

MISSION

1

スムーズに
仕事をするための
「基本」を習慣にせよ!

01

言葉遣い

誰にでも伝わるように、5歳児でも分かる言葉を選ぶ

仕事中、上司や後輩と話すとき、知らず知らずのうちに、英単語や専門用語などの難しい言葉や、同世代の友達間で使う短縮語を使っていませんか?

そんなとき、相手はどういう反応になるでしょうか。イライラして「つまり、どういうこと?」と言われてしまった経験がある人もいるでしょう。

私が仕えた上司の一人は、**いつも「5歳児でも分かるような会話」を徹底**していました。どんな相手と話をしていても、相手が分かっていると過信しません。

例えば全員が分かっているはずと思える仕事内容にも、さりげなく説明を加えたり、できる限り専門用語を避けたり、たとえ話を入れたりする工夫をしていたのです。

その上司は、部下たちにも「僕が5歳児だと思って話をしてくれるかい？」と頼んでいました。

自分が理解していることだと、つい相手も分かっていると思い込みがち。まずはその固定観念をいったん捨てることから始めましょう。

相手が誰であれ、「5歳の子供」に説明するのだと思えば、「分かりやすく、簡単な言葉を選ぼう」と自然に意識し始め、あなたの会話能力は格段にアップしていきます。

ポイントは、「丁寧に」「シンプルな言葉で」「要点をついて」話すように気を付け

るということ。最初は、毎日必ず1回を目安にチャレンジしてみて下さい。

相手に一瞬で伝わる言葉は、仕事の成果となって現れます。モノにすれば、どんな相手でも通用する、あなただけの強力な武器となるでしょう。

□どんな相手にも、「丁寧・シンプル・要点をついた」伝わりやすい会話を心がける

02

会話

主語は常に「YOU（あなた）」を意識する

人との会話が苦手。何を話していいか分からなくて、ドギマギする。特に話が合わない人との会話は気が重い……といった、仕事で関わる人との会話がとにかく苦手な人は多いと思います。

でも、心配しないで下さい。会話上手になるのに、「無理に話す」ことは必要ないからです。大切なのは、とにもかくにも「聞く」こと。それに集中してみて下さい。

以前いたある会社に、いつも人に囲まれている上司がいました。大げさかもしれませんが、息をつく間もなく、同僚や部下など社内のいろんな人が集まってくるのです。超多忙な彼が、何とか話を切り上げてデスクに戻っても、彼の手が空いたと見るや、すかさず誰

かが走り寄ってきます。

どうして皆がそんなに彼と話したがるのでしょう。偉い人だから？　いいえ、その理由だけではありません。何故《なぜ》なら、私生活でも同じ状態で、いつ見ても友人たちに囲まれていたのです。

そんな彼を観察しているうちに気が付いたことがありました。この上司、**会話の最中に実に多くの「ＹＯＵ（あなた）」を使っている**のです。

具体的には、このような受け答えです。

「あなたはどう思いますか？」

「あなたならではの視点ですね」

「あなたの経験は実に面白い！」

基本的に、人は自分の話を聞いてもらうのが大好きです。自分の話をするのが苦手な人も、自分の意見を聞いてもらったり、認められると弱いもの。この上司は、見事にそのツボを押さえていたのです。だから皆が、「聞いて聞いて！」と集まってくるのです。

その上、相手が進んで様々な話をしてくれるので、自然に情報収集ができてしまうというわけです。

相手から情報を引き出すポイントは、「相手の話を真剣に聞く」ということ。これに尽きます。

「自分はこう思った、自分はこうしたい」というのをぐっとこらえ、相手の意見を聞いたり、相手が興味あることを尋ねたり、とにかく「あなたはどう思いますか」「あなただったらどうしますか」と、**主役を相手に譲ってみましょう。**

そうすることで、話をしなくてはいけない度合いがぐっと減るだけでなく、相手が気持ち良くもなります。

でも、ただひたすら人の話を聞き続けるのはキツイですね。そんなときは、あいづちを打ったり、質問をして自分が興味を持てる方向へ誘導していくのも、飽きずに相手の話を聞く方法の一つです。

相手の話を聞いて自分が話す割合を、「7対3」くらい、と決めておくのもいいですね。

上級編になりますが、仕事先の相手のことを予《あらかじ》め調べておくと、より会話が弾みます。相手のことを知っていると、それだけ質問が増えるからです。

相手も、「あれ、自分のことを知ってくれてるのかな」と、ちょっと嬉しくなります。

この方法を取り入れると、さらに楽ちん度が上がること請け合いです。

□**会話の主役を相手に譲ることで、仕事での会話も一気に楽になる**

03

ミス

面倒くさくても、常にチェックを徹底する

「何故こんなミスをする⁉」経験を積んできたはずの私でも、上司に何度も言われてきた言葉です。ミスをしてはいけないと意識していると、緊張からか逆にミスを連発してしまうもの。上司に叱り飛ばされ、自信は吹っ飛び、気分はどんどん暗くなっていく……。そうなったら負のスパイラル。そこからなかなか立ち直れず、次の日に会社に行くのが嫌で嫌でたまりませんでした。

でも、叱られようが、怒鳴られようが、仕事は待ってはくれません。そんなときに、繰り返し自分に言い聞かせたのがこの4つでした。

1．予めスケジュールの時間配分をしてから仕事を始める

2．ミスを防ぐ「チェックリスト」を作る
3．必ず「3回チェック」を徹底する
4．失敗しても、決してネガティブにならない

一つ目ですが、一日を始める前に自分のスケジュールを確認し、大体の時間を割り振っておくことで、仕事の進捗状況がつかめます。あとから時間が足りなくなって慌てたりすると、ミスが生まれるきっかけになりますから、時間配分は大切です。

二つ目の「チェックリスト」、これは普段自分がよくやるミスを思い出して、自分がどんなところを見逃しがちか、同じ過ちを繰り返しがちかをおさらいしながら作ってみて下さい。頭で気をつけようと思っても、なかなかうまく行きません。そんなときに、このリストがあると、ミスをつぶすことができます。

そして3つ目の「3回チェック」。例えば上司に提出する大切な書類を作ったとします。まずは一通りざっと目を通し、チェックして下さい。2度目は前回より時間をかけて、細部まで目を通します。指やペンで字を追ったり、声に出して読んでみるのもいいでしょう。

そして3度目のチェックの前に、3〜5分の時間を置きます。その間は「別のこと」をしてから最終チェックに戻ります。別のことというのは、電話やメールをしたり、同僚と話をしたりなど、何でも構いません。

時間を置くメリットは、**頭を一度、確認する内容から引き剝がすことで、新しい視点でチェックできる**ということです。この作業で、2回の確認では発見できなかった、小さなミスを見つけられます。

時間がないのに毎回そんなことをしていられない……と思うかもしれません。でもこの作業、普段から習慣にしていれば、驚くほどの短時間で終えることができるようになります。

一つのミスが、あらゆるところに影響を及ぼしてしまう場合もあります。それをきっかけに、せっかく努力して築いた上司や同僚からの信頼も瞬時に失いかねません。

この面倒なチェックをしっかりやることによって、**自分の身を守ることができる**のです。

そして最後、特に大切なのが４つ目の「ネガティブにならないこと」です。人は失敗すると臆病になります。次回同じことをしてしまうのではとの過度の緊張から、逆に大きなミスにつながってしまうのです。ですから、失敗してしまったら、

「私は大丈夫、失敗しても死ぬわけではない」

そう自分に言い聞かせて、気持ちを落ち着かせて下さい。そして気を取り直して自信を持って再スタートしましょう。

□どんなときでも、「３回チェック」を習慣にする

04
メモ

ミーティングメモは、自分でもプレゼンができるくらいの完成度に

会議のまとめとして出すミーティングメモ。正式な書類ではなく、社外に出すものでもないのですが、上司は意外にこういう細かいところも見ています。**社内用のどんなに簡単なものでも、その一つ一つには、あなたが作ったという事実がしっかり刻まれています。**「たかがメモ、されどメモ」なのです。

デキる上司が見れば、それを作ったスタッフがどれほど仕事ができるかが一目瞭然。大抵の人は、そんなところで自分が評価されるとは思っていないでしょうが、そんな簡単なミーティングメモだからこそ、逆に力を入れなければいけないのです。あなたの書いたメモは、会議に出ていなかった人でも、その場にいたかのように理解できるよう、分かりやすく要点がすべてまとまっているでしょうか。

ここで重要なのは、どれだけあなたが会議の内容を把握しているか、きちんと聞いていたか、ということです。

なぜなら、適当にまとまったメモは、会議でも「適当な」理解しかできていないという証拠になってしまうからです。

人の評価は、何もすごくて目立つ仕事をする人にだけ向けられるわけではありません。日頃の地道な仕事ぶりから、信頼と安定した評価が生まれるのです。

「そのままプレゼンテーションができるくらい」のメモ作りを目指しましょう。そうすることで、ワンランク上の仕事ができるようになるだけでなく、メモを取る力が上がり、あらゆる面で自分の助けとなります。

そしてそれが蓄積していけば、大切な案件でも質の良い資料作りができるようになり、周囲や上司からも一目置かれるようになるのです。

ミーティングメモは、あらゆる人が目を通します。「会議に出ていない人でも完璧に理解できるもの」を目指したいところ。完成度を上げるポイントは2つです。

1. 要点を短くキーワードにして見やすくまとめる

2. 必要な情報はすべて網羅しつつ、極力文章量は少なくする

忘れないで下さい、あなたがやっている仕事は、自分で思うよりずっと重要なのです。

□簡単な仕事こそ、上司はその完成度を見ているもの

05

一括処理

マルチタスクは基本中の基本と心得る！

原始時代から男性はマルチタスクが苦手と言われています。でもそれは、単に必要がなかったからです。男性は狩りで獲物を捕らえて家で待つ家族を養ったり、家族を守るために、敵を一発でしとめる一点集中能力が何より求められました。

ですから、複数のことを同時並行してこなすことは、できなかったのではなく、する必要がなかっただけ。ちゃんと男性にもマルチタスクの能力は備わっているのです。

マルチタスクで仕事をするにあたって、**まず大事なのは、いろいろなことに「気付く」こと、そして常に「脳を休ませない」こと**です。普段から周りを観察するクセをつけましょう。それによって、自分がやるべきこと、忘れていたこと、また同僚のミスにも気付けて、フォローするチャンスが増えるかもしれません。自分のミスに気付けば、最小限の被

害で食い止められます。
また、電車での移動時間やちょっとした待ち時間など、スキマ時間をどんどん利用しましょう。例えば接待用のお店の場所の確認や、車の手配の段取り、または午後の仕事の進め方を考えたりと、勤務中は脳を休めないように訓練してみて下さい。
頭の片隅でよいので、「今していること以外に何かできるかな」と常に考えるようにすると習慣になります。
より作業スピードを上げるコツは、脳以外の手や足などの身体《からだ》の部位にも、休まないでフル稼働で働いてもらうこと。意識してハッパをかけて下さい。

マラソンで速く走りきりたいとき、「速く、速く」と足に意識が向きますよね。そんなイメージを意識してみるといいかもしれません。脳と身体は連動しているので、ぜひ両方動かしていきたいところです。

マルチタスクをすることで、様々な場面で時間短縮ができるようになります。

例えば、残業する予定だったのに思いもかけず仕事を早く終えられたり、次の日の仕事にまで着手できたり。そのうちに、仕事が早い人、できる人、という評価がついてきます。

仕事でマルチタスクを気を付けていれば、普段の生活にも違いが出てきます。一度にいろいろなことができるようになると、自分のための時間がもっと作れるだけでなく、毎日の生活に余裕が出てくるからです。

□頭の片隅で、他にも何かできることがないかを探すクセをつけよう

06

下準備

朝の通勤時間は、今日の仕事の準備時間とする

通勤時間の使い方は、行きと帰りで180度違うのが理想です。帰りは、一日仕事を頑張った自分へのリラックス時間。好きなことをして構いません。

けれど、行きは、これから始まる一日へ向けての、とても大切な準備時間です。この時間をどう使うかで、その日の「仕事度」にとても大きな差が出てきます。

朝の電車やバスの中で、ゲームをしたり、音楽を聴いている人を見かけますが、その日一日、仕事のミスで上司に怒られるのを避けたい人にはお勧めできません。

大好きなゲームの誘惑は、帰り道まで取っておきましょう。その代わりに、今日あなたがやるはずの仕事の下準備をしておくのです。

まずは一日のスケジュールの確認です。やるべきことを思い出して、どの順番でやれば

一番効率が良いか、忘れていることがないかを考えます。

スマートフォンなどにメモ書きしておくと漏れがないですね。**会社のメールを携帯端末で読める人は、会社に到着する前にすべて目を通しておきましょう。**そうすれば、会社に到着後、すぐに対応が始められます。

一通りその日の仕事の段取りが決まったら、他に漏らしていることがないか頭の中で再確認。**その上でまだ時間があるようなら、ニュースに目を通しましょう。**日本や世界で起きていることをいち早く頭に入れておいて下さい。

それだけではありません。電車の中の吊り広告、他の人が読んでいる新聞など、役に立つ情報はそこら中に転がっています。周囲の人の会話にも、思いがけない仕事のヒントが隠されているかもしれません。

情報は多ければ多いほど、仕事のあらゆる場面で助けになることを覚えておいて下さい。

通勤時間が短い人は、いつもより15分早起きして同じ行動をしてみましょう。

会社へ着くまでの時間の使い方次第で、その日の仕事度がグッとレベルアップします。

まずは騙《だま》されたと思ってお試しを。必ずや効果を実感できるはずです。

□朝の通勤中は、今日の予習と情報収集の時間とすること

07

固定観念

人と状況は日々変わる。「思い込み」を捨て、自分で確認する

「いつもやってるから」や「誰それがこう言っていたから」というような「思い込み」は、実はとても危険な落とし穴です。初めてやることには緊張感が伴いますが、「いつも」のことだと気が緩みます。つまりそこには、慣れが生じるわけです。慣れは注意散漫を引き起こします。

その結果、いつもの仕事に違うことが出てきても、「いつもと同じ」という思い込みが発生し、仕事のミスへとつながるのです。

一方、**「誰それがこう言っていた」というのも、「どこそこで読んだ」というのと同じくらい根拠のない、怪しいこと**です。仮に上司がそう言っていたとしても、必ず自分で確認をすることが、結果的に自分を守ることになるのです。

私の仕事での習慣の一つが、「どんなときでも必ず自分で情報確認」です。

実はこれ、以前味わった何度かの手痛い失敗が元になっています。長年勤めている先輩が言ったことだから、いつもお世話になっている熟練の業者さんが言ったことだから、と鵜呑《うの》みにして確認を怠った結果、後からその情報が誤っていたことが分かり、失敗をしでかしたのです。当然、相応のお叱りが待っていました。

どれほど立派な人からの情報でも、間違いがないとは限りません。だからこそどんな場面でも、「自分で確認」をすることが、私たちの責任なのです。

人を信じなかったり、疑っているわけではありません。情報をありがたく頂戴し、その上で「自分の身を守るために、自分で確認する行為」を付け加えているだけなのです。**日々起きていることが、100%同じわけはありません。**それを念頭において、毎回すべてを「新しい案件」として扱います。そしてどんなに面倒くさくても自分で確認。どんなに自信があっても過信はせず、きちんとウラを取って下さい。

その上で、毎回新しい気持ちで、相手と状況に寄り添ってみることを心がけてみましょう。状況を十分把握し、分析してみてから対応するという、その「ひと手間」をかけることで、仕事のデキが抜群に変わってきます。

□思い込みをなくし、自分で確認する「ひと手間」をかければ仕事の質が上がる

08

自己管理

すべての仕事は、健康な身体あってこそ。「自己管理」を徹底する

「健康管理も社会人のつとめ」。こんな言葉をよく耳にしますね。けれど残念なことに、これを実行できている人は意外と少ないのが事実。仕事が忙しくて残業が続くのは避けられませんが、そんなときでも自分の身体を労《いたわ》ることはできます。体力勝負の仕事があるならば、栄養に気を付ける、ビタミン剤などのサプリメントを併用する、お酒やタバコを減らす、手洗いやうがいをきちんとする……。子供への注意事項のようですが、実は大人のほうが、子供よりも自分を大切にできていないのです。

こんな例を紹介しましょう。

AさんとBさんは同じ部署で仕事をしていました。あるとき、非常にストレスのかかる案件が持ち上がりました。連日の残業に加え、プレッシャーもかかり、皆がイライラし始

めた頃、社内では風邪も流行《はや》り出していました。

Ａさんは日頃から、ストレス発散には飲みに行くタイプ。けれど一度飲みに行くと、ついつい止まらなくなってしまいます。そのときも連日「軽く一杯」のつもりが二杯、三杯になっていました。一方のＢさんも飲むのは大好きでしたが、自分の体力が落ちてきていること、そして風邪が流行っている状況を冷静に見極めていました。それ故、ストレス発散の方法を、お酒を飲むことから軽い運動にあえて変更。加えてうがいもして栄養のあるものを食べ、自分をきちんと管理するようにしたのです。

結果、Aさんは見事に風邪を引き、熱のために仕事でミスが出る始末。Bさんは自己管理が功を奏して、周囲に蔓延するウイルスにもやられず、仕事に100%打ち込むことができました。どちらが上司から評価されたかは、明白ですね。

残酷なようですが、どんなに体調を崩していても、精神的に追い詰められていても、会社には関係ありません。ビジネスは待ってはくれないからです。

つまり、**「自分の身は、自分以外誰も守ってくれない」という真実にいち早く気が付いた人の勝ち**なのです。**仕事ができるというのは、自己管理ができているということ**です。

いつでも万全の態勢で臨むために、日頃から自分を大切に、「管理」しましょう。

□「自己管理」ができていれば、「仕事の管理」もできる

09

記録の保存

あらゆる手で記録を残して万が一から身を守る

日本の美徳の一つは「信頼」ですが、仕事においての信頼となると、一歩踏み込まなくてはなりません。何事においても「記録をとる」必要があるのです。

それを怠って、**口約束や紳士協定、長年の信頼関係だけに頼っていると、残念ながら痛い目にあうこともあります。**もちろん社外のお付き合いに限りません。社内での毎日のやりとり、上司、同僚、部下、誰に対しても同じです。

「相手を疑っているようで感じが悪い」、最初はそう思うかもしれませんが、それは「疑っていると思われるのではないか」という余計な心配からくるものです。

プロフェッショナルとして働いていることに集中すれば、どんなことでも記録をとるのは、当然のこと。誠意のある応対と笑顔、そして自分が正しいことをしているという自信

で相手に伝えれば、きちんと伝わるはずです。

もしそこで相手が記録をとることを拒否したり、躊躇《ちゅうちょ》するならば、そこには必ず危険が存在します。そんなときこそ、心していつもより念入りに記録しておきましょう。

具体的には、次のような例が挙げられます。

・**電話でのやりとりの後にはメールを送って内容確認し、記録しておくこと。**

・**受領証や預かり証、これは大丈夫かなと思った書類でもコピーやスキャンをとっておくこと。**出先の場合は携帯で写真を撮った後、自分にメールで送っておいて下さい。そうすることで日時の入った「記録」になります。

・大切な場面では、携帯端末の音声記録やボイスレコーダーを利用すること。

・電話をかけた先に伝言を頼むとき、また各所へ予約をしたりする際は、必ず話をしている相手の名前を聞くこと。

繰り返しになりますが、これは相手を疑っているからではないのです。仕事と自分を「万が一」から守るため。そして、もう一つのプラス面は、無駄を省けるということです。

例えば、相手先にファックスを送ったところ、担当者が不在のため、代わりの人に伝言とファックスを渡してもらうよう頼んだとします。担当者が戻る時間に連絡をしましたが、本人はまだ受け取っていない様子。そこで、先ほど電話に出た人の名前を聞いてあれば、すぐに「御社の○○様にお預かりいただいています」とフォローができます。相手も探し回ることがなく、ピンポイントでその人を探せばよいわけです。

私はプライベートでも記録をとることを習慣にしていますが、そのおかげで何度も助けられました。ぜひ仕事だけでなく、普段にも役立ててみて下さい。物事がスムーズに行くようになること間違いありません。

□何にでも記録をとるクセは、仕事のピンチを減らすとともに時間の節約になる

10

油断を排除

どんな小さな仕事でも、大切だということを忘れない

仕事ができる人ほど気を付けていることがあります。それは、**「自分に与えられた仕事に優劣をつけない」**ということです。

小さな仕事だから重要じゃない、という自分勝手な過小評価は、必ず自分の足を引っ張る結果になるのを知っているからなのです。

「一体どれだけ時間がかかってるんだよ。こんな仕事、普通なら目をつぶってたってできるだろう?」。入社3年目のKさんが、横で仕事をする新卒社員に向かって言いました。

Kさんには普段から、大きくて華やかな仕事以外をバカにする傾向がありました。自分は仕事ができる、だから大きな仕事をするのがふさわしいという思い込みが、彼に「基本」

の仕事をバカにする態度をとらせていたのです。

ある日のこと、そのKさんが仕事でミスをしました。理由は、彼が常々周囲に「誰でもできるはず」と言っていた、エクセル数式の入力ミス。お客様への大事な資料でした。しかも皮肉なことに、それは彼がバカにした新卒社員がしていた仕事と同じこと。自分はベテランだから「こんなもの目をつぶっていたってできる」と過信し、チェックを怠った結果の出来事でした。

上司はかんかんです。「こんな基本もできないようじゃ、君に重要な仕事を任せるわけにはいかないな！」

そう言った上司の指摘はごもっとも。簡単なこともできない社員に、誰がそれ以上のことを頼むでしょう。とても不安で任せられませんね。

どこの世界でも共通なのが、「基本ができない人は仕事ができない」ということです。そして**謙虚さを失くして慢心してしまうと、そこに油断が生まれます。**この油断こそが、ミスの原因となるのです。

仕事に優劣はありません。優先順位はありますが、どんな小さな仕事でもすべて重要なのです。それを忘れてしまったとき、予想もしない大きなミスが待っています。

とりかえしがつかなくなる前に、日頃からどんな仕事も大切にするようにしましょう。

□仕事に優先順位はあっても、優劣はない

11

明日の準備

翌朝のやる気を引き出すために、寝る前60秒の反省会をする

怒濤《どとう》のような一日が終わるとホッとしますね。頑張って一日を乗り切った自分に、十分にご褒美をあげて下さい！　気分転換にジムに行くのもよし、友達と出かけるのもよし、家でのんびりくつろぐのもよいですね。

けれど、自分にご褒美をあげ終わったら、眠る前に一つだけお願いしたいことがあります。それは、「明日の戦いへ備える」ということです。

「戦い」と言うとちょっと物騒な響きですが、仕事は自分との戦い。ゲームで言う、次のステージに進むためのチャレンジです。それを思い出して、「よしっ、明日も一つ頑張るぞ！」と自分に声をかけてあげるだけで、気持ちは変わってきます。

今日がどんな日だったとしても、あなたには明日にはまた新しい一日を始める権利があります。スタートラインに戻って、一から勝負できるのです。

そのためには、一日の反省をした後に**自分に「頑張るぞ！」とエールを送ってから眠りについて**みて下さい。

些《さ》細《さい》なことですが、起きたときの気持ちがぐんと違います。

「嫌だな、明日もまた会社か」と思いながら眠りにつくと、朝起きた途端に嫌な気持ちに支配されているので、何故かいろんなことがうまく行かなかったりするのです。

電車に乗り遅れたり、不愉快な人に出会っ

てしまったり。

前日に、「明日もまた一から頑張るぞ」とエネルギーを送っておけば、うまく行かないことも、些細なことと流せるのですが、気分が重くなっているとそうは行きません。

今日あったことを簡単に振り返ってプチ反省会。もちろん、自分が頑張った良いところは十分に褒めてあげて、その上で明日はまた一から頑張る。そんな小さな、寝る前の60秒のかけ声だけで、明日は新しい一日になるのです。

「今日の終わり」は「明日の始まり」。それを意識すると会社生活にめりはりが出てきます。

□明日をどういう一日にするかは、寝る前のちょっとした習慣で変わってくる

12

嫌味・クレーム

厄介な人には、「褒め殺し」作戦で対処する

「厄介な人」は、どんな会社にも最低一人はいると思います。けれど、その相手がどうしても話さなくてはいけない人だったり、最悪なことに自分の上司だった場合……。そんなとき、どうしていますか?

正攻法で挑んでみたり、相手を透明人間にして、いないふり……? 実際には、自分の中に溜め込んだ挙句、ストレスで病院へ行くことになってしまう人が多いのではないでしょうか。

けれど、そんな必要はないのです。今日からすぐに試していただける方法をお知らせします。

ズバリ、「褒め殺し」作戦です。

嫌いな相手を褒めるのは、実はかなり難しいことです。いざ本人を目の前にしたら笑顔も消え失せ、そこで嫌味の一つでもお見舞いされたら、褒め言葉の代わりにパンチの一発のほうが……なんて思ってしまうのが当然です。ですが、そこをグッとこらえて、一度やってみて下さい。例えばこんな感じです。

ねずみ男のような風貌《ふうぼう》の嫌味課長への対処法。

朝からネチネチと嫌味を言ってきたら、いつもの「すみません」の代わりに笑顔で一言。

「課長、ご指導ありがとうございます。いただいたアドバイス通りに頑張ります！」

意表をつかれて課長は一瞬ひるみます。そして確実に嫌味はそこでいったんストップするはずです。


次は、皆が恐れるオフィスのおつぼね様、Xさんへの対処法。いつもの重箱の隅つつき攻撃が始まったら……。

「Xさん、こんなところも見ていて下さって、さすがです。いつもありがとうございます。気を付けます！」

あまりの素直さと反応の速さに、これからどうやっていじめてやろうと身構えているおつぼね様も言葉が出なくなります。攻めどころを失ってしまうからです。


ポイントは、「笑顔でお礼」、そして「相手を褒める」、この2点です。

何故これが効くのでしょうか？　厄介な人たちは、一様に自分に満足していないのです。だから相手をおとしめたり、嫌味を言うことで自分を上げたがるのですね。つまり、まず褒めることで相手の自尊心を満たしてあげることが大切なのです。

苦手な人との会話は疲れるもの。相手の言うことは「聞いているフリ」でかわしましょう。

もう一つの注意点は、**「相手の言うことに反応しない」こと。**

何故なら、反応すればするほど相手は喜び、イジワル度がアップするからです。

そして上級者編として、「小言に一度耳を傾けてみる」こともお勧めです。**うるさい小言の中にも、取り入れてみれば仕事に役立つことが含まれていたりする**のです。

厄介な人の嫌味も、お客様からのクレームも、自分のスキルアップの踏み台にしてしまえばよいわけです。

□小言や嫌味には「笑顔＋お礼」、そして相手を褒めることが最高の撃退法

13

ハッタリ

仕事上での「ハッタリ」は、必ず実現させる

仕事をする上での「ハッタリ」が、実はとても重要なのを知っていますか？

ハッタリとは、「強気な態度で相手を威圧すること」や、「知らないのに知ったかぶりをしたりすること」を意味しています。決してポジティブな響きではありませんね。けれど、使い方によっては、あなたにとって強い味方になり得るのです。

何も、やり遂げる根拠もないのにやってみて欲しい、とお願いしているわけではありません。例えば、お金もないのに自分が億万長者だと豪語したり、フランス語なんて知りもしないのに、しゃべれますと言うのはもはやハッタリではありません。ホラ吹きの域です。

私は、仕事においての**正しいハッタリとは、「自分がやり遂げられると思うことを、そ**

の時点では証明できないにもかかわらず、『できる！』と豪語すること」だと思っています。ですから必ずハッタリを言う前には、状況を正しく分析し、本当に自分に実現させる力があるのかを判断する必要があります。

その結果、少し心配になったとしても、きっとやれるはずと判断したなら、思い切って「お任せ下さい！」と進める。それが正しいハッタリなのです。

するとこんなメリットが出てきます。

1．自信を持って断言するので、周囲から「信頼できそう」と思ってもらえる

2．交渉に強くなる

3．その後に結果を出すことで評価が高まる

けれどお約束ごとが一つ。それは、**一度きかせたハッタリは、何が何でも実現させると**いうことです。

一度口に出したことは、「間違いでした」、では済みません。

うんうん唸《うな》って苦しんだとしても、会社に泊まり込みになったとしても、何としてもやり遂げて下さい。それこそあなたの評判に関わってくるのです。

けれどやり遂げた結果、ハッタリを現実にすれば、とてつもない自信になるのです。

□「ハッタリ」を使うのは、評価と自信を手に入れるためのトレーニング

MISSION

2

無理難題を繰り返すモンスター上司を手なずけよ!

01 先読み

常に上司の行動の先を読み、最低3つの代替案を用意する

私が仕えたモンスター上司の一人は、自分で何でもできる上に、少しでも良い案があれば躊躇なく方向転換をするタイプでした。部下はその変化についていくのに、いつも必死だったのです。

そんな彼の口癖は、「誰も私を満足させることはできない」でした。やっとのことで良いアイディアを持って行っても、突然予想もしなかった質問を投げかけ、それに答えられなければ、鋭い目つきで「ふざけているのか?」と一喝。私も、「ヤクザじゃないんだから……」なんて心の中で毒づきながら、すごすご退散する日が続きました。けれど落ち込んでいる暇はありません。この上司を満足させるためには彼が考えることの先を読み、そのための対策を練る必要があったからです。

対策その1・上司を徹底的に観察

興味がある人、好きな人のことは、ついつい目で追ってしまったり、話し声に耳をそばだてたりしてしまうもの。

「カレーが好きなんだ」「誕生日は○月○日なのか！」「へえ、そんな夢があるんだ……」と、ついつい観察しては、相手のことを頭にインプットしてしまいませんか？

対策その1はまさにこれの応用になります。好きな人ではなく、上司に興味を持つなんて難しいかもしれません。ですので、この際、上司の顔を「お札」＝お給料に見立てて、一度試してみて下さい。

対策その2・一人シミュレーションゲームをしてみる

しばらく上司を観察していると、今まで気が付かなかったいろいろなことが見えてきます。上司のクセ、行動、いつもすること、考え方……。それが分かってきたらしめたもの。次にゲーム感覚で、上司の次の行動を予測してみましょう。あくまでもシミュレーションゲームのような感覚で楽しめるのが目標です。

例えば、「顔の前で手を組んで考え込んでいるときは、大きな問題が起きたとき」「自分の命令に『ノー』は受け付けない。つまり、部下は何が何でもやり遂げなくてはならない」「顧客との会議の資料は、必ず前日の午前中までに提出させる」「部下が１００％下調べをせずに報告したときは、とことん追い詰める」……。これら観察した結果を前提に「シミュレーション」をすれば、次に、そしてその先に上司がどのような行動をとるかが見えてくるはずです。けれど、もちろん相手も人間ですから、毎回同じ行動をするわけではありません。その問題を解決するためには、「シミュレーション」の結果をいくつも考える必要が出てきます。

切れ者で知られていた上司の話です。あるとき、発売日前から売り切れが決まっているほどの人気の携帯電話の機種がありました。会社のツテで、我が社にも2台だけそれを回してもらえるとの確約をもらっていました。けれどその2台の行き先は、既に会社のトップとナンバー2へと決まっており、私の上司が手に入れられるのは1、2ヶ月先ということになっていたのです。現場では最先端の機器が重要、という考えのこの上司には、「まず上層部が優先なので、しばらくお待ちいただきます」などという、当たり前の言い訳は通用しません。案の定、この話を耳にした上司が吠《ほ》えました。

「まさか私に1、2ヶ月も待てと言うつもりではないだろうな?」

実はこの話を入手したときに、上司の反応を先読みして手を打っておいたのです。営業を通してもどうしても難しいと言われたため、考え付くあらゆるコネクションで、テスト機器であればもう1台追加可能というところまで漕ぎ着けました。そして、実際に新しいものを入手できるタイミングを前倒ししてもらうよう確約をもらった上で、それまでの間、上司にテスト機器を渡すことにしたのです。

この上司は「ありとあらゆる努力をする部下を評価する」タイプでしたので、「その時

点でできる最大限の努力」をしたという点が認められ、地獄行きを免れました。

相手の先の先を考えるクセをつければ、モンスター上司も何のその、あなたの仕事もびっくりするくらい楽になります。プレゼンテーションに臨む前は、あらゆる質問に備えていきますね？　それと同じで、**上司や状況を「先読み」し、「解決法」をいくつも考えておく**ことで、多くの状況をクリアできてしまいます。まずは**日頃から、3つの解決法を考えるクセ**をつけてみてください。

「先読み」は、上司以外の誰にでも使える優れワザです。大切なお客様、会社の人、友達だけでなく、どんな場面でも役立ちます。深く考えずに、ゲームをするような感覚でやっていれば、自然と「先読みグセ」のトレーニングになります。

この「先読み」ワザが身につけば、確実に評価につながることは間違いありません。

□上司の考え方やクセを観察して、シミュレーションしていこう

02

命令遵守

上司に対して「NO」は禁止！命令の本意を考えて対処する

自分を査定し、お給料を決め、昇進をさせてくれる可能性を持っている上司。その上司からの命令に「NO」を言うほどの自爆行為はないでしょう。たとえ面と向かって「NO」と言わなくても、表情に出たり無言になってしまえば同じことです。

あなたが今の上司の下で働いているのは自分自身の意思ですね？　誰もあなたの首根っこをつかまえて強制的に働かせているわけではありません。だったら覚悟を決めましょう。法律や社則に触れない限り、上司の命令は絶対なのです。心の中で「できない！」と叫ぶ前に、とにかく「やってみる」ことが大切なのです。

やってみる前から「NO」と言うのは、戦う前から負けを認めているのと同じ。最初から自分にはそれをやれる能力がないと決めつけて、自分を侮辱していることになります。

同じ会社に入りたいと希望していた候補者たちの中から、あなたが「選ばれて」、今そこにいることを思い出して下さい。どんな小さな会社でも関係ありません。誰かに選ばれたということは、やればできる力がある、と認められたからなのです。ですから、自分の力を信じて、やるだけやってみましょう。

ここで重要なのは、**上司の命令を額面通り受け取って考えるだけが答えではない、**ということです。例えば、「時間を戻せ」と言われたとしても、タイムマシンがあるわけではないですし、実際は上司だってあなたが本当に時間を戻せるなんて思ってはいませんね。

それでも、ここでできませんと「NO」を言うのはレッドカード。その言葉はぐっと飲み込んで、上司が何を望んでいるのか、本意を探ることに集中しましょう。

上司の本意を突き止めるには、**発想の転換**が役立ちます。**目の前の問題を一度脇へ置いて、視点を変えてみる**ということです。

例えば、先ほどの上司の「時間を戻せ」という命令の本意は、「以前の状態に戻せ」ということです。それが分かれば、もう「時間」という部分に固執する必要はありません。後は上司の満足へ向かって最善を尽くし、限りなく完璧に近い結果を出すことが、上司の命令への答えとなります。

ここで私が経験した上司からのムチャ振りリクエストの例をご紹介しましょう。

ある日のこと、誰にも有無を言わさない上司の声が響き渡りました。

「今すぐSと話したい、つないでくれ！」

指名されたその「Sさん」は、出張のためフライト中。機上の人に電話をつなげ、ということです。けれどその事実を告げたとたんに、「だから何だというんだ？　どうにかしろ」そう言うに決まっているのです。理由は一つ、「仕事に必要だから」。ただそれだけです。上司がどうしても「必要」と言うならば、秘書はそれを実現させなくてはなりません。

Sさんが着陸するのに数時間はかかります。機上の彼に電話をかけることはできませんが、そうかといって上司に「あと数時間待って下さい」と伝えたりすれば、ドカンと雷が落ちるのは目に見えていました。

ここで「発想の転換」です。上司の、「飛行機に乗っているSさんに今すぐつなげ」という命令は、「ただ、Sさんとおしゃべりをする」ことを目的としているわけではありません。

つまり、上司はSさんの持っている、何かしらの情報が必要なのです。ということは、言い換えれば、**Sさんと今すぐ話さなくても、その情報が手に入れば上司を満足させられる**ことになります。

これが「発想の転換」です。目の前の問題を一度脇へ置き、視点を変える行動をしたことになります。

ここまでたどり着いた私は、何の情報が必要なのかを上司に確認し、その情報を持っている、「別の」人物を探し当てることにしました。すると、ロンドン支店の社員からその情報を得られることが分かりました。ロンドンはまだ早朝でしたが、上司のためです。この社員の携帯に連絡を入れ、お詫びとともに、必要な情報を送ってもらえるよう手配しました。

同時に、今はフライト中のSさんにも上司が話をしたがっていたことを伝える必要がありました。彼が補足説明をする必要があるかもしれないからです。

フライト到着後、すぐにSさんと電話ができるように、Sさんにメールや留守電を残し、秘書がいたので、そちらへも連絡。念のためチェックイン時に伝言が伝わるようにホテルにも連絡して、漏れがないようにしました。

そしてロンドンの社員から入手した書類を上司に渡すときに、「Sさんからは到着後、すぐに連絡をもらえるように手配してある」と伝えて、このミッションは完了しました。

この「発想の転換」で大切なことは、何を言われても、すぐに無理と決めつけて脳の動きを停止させないこと。せっかくのアイディアが出てこなくなってしまうからです。そして、常に一歩引いて命令の全体像を眺めるようにすると、早期解決の糸口になります。「NO」を言わなくなることで、自然と上司からの高評価が得られるだけでなく、難しい案件への対応力も身につけられるのです。

□上司にNOを言う前に「発想の転換」で対処する

03

上司の性格

絶対に人を信じない上司とは、焦らず長期戦で信頼を築く

心を開かず何を考えているか分からない、扱いが難しい上司に出会ったことはありますか？　本音を言えば、そんな面倒な相手とは極力関わりたくないですよね。ですが、苦手だからと避けていたら、ますます仕事がやりにくくなるのは明白。**ここは腹をくくって「手なずけて」みましょう。**

上司に対して「手なずけて」なんて失礼な話ですが、**こういうタイプの上司は「野生の動物」と思って欲しい**のです。人間を信じず、こちらが餌をあげようとしても、警戒して絶対に近寄ってこない野生の動物と同じです。そんな動物を手なずけるのに、無理やり近寄ったり、しつこくするのは得策ではありませんね。

その要領で上司にもアプローチしてみましょう。ポイントは、焦るのは厳禁ということ、

とにかく時間をかけましょう。「これは長期戦だ」と自分に言い聞かせれば、日々落ち込んだり、いちいち過剰に反応することを避けられます。その上で、こんな行動を取ってみて下さい。

1. 上司をとことん観察して理解する
2. 上司の望みを先読みして提供する
3. 絶対にミスを犯さない

これをしばらく続けます。最初は、相手から反応がなくても気にしないで下さい。お伝えした通り、長期戦だからです。

そのうちに上司のほうから何かを頼まれ

るようになったらしめたもの。上司が「ちょっとだけ、この部下を信用してみようかな」と考えた証拠です。恐る恐る人間の手から餌を食べてみようかな、と思った動物と同じ。この時期が一番大切な踏ん張りどころです。上司が自分を見定めている重要な時期ですから、とにかく絶対ミスを犯さず、忠誠心を示しながら、自分が役に立つ人間であることを証明するのです。褒め言葉は一切期待せず、自分の仕事ぶりは自分で判断しましょう。野生の動物に、自分をどう思っているか聞こうなんて思いませんね。それと同じです。

上司の信頼を得られるようになる頃には、自分の仕事力も上がっています。上司のためにとやったことが、自分のプラスとなって返ってくるのが嬉しいところです。

加えて、このタイプの上司は非常に仕事ができる人が多いので、今後働いていく上でも、実に様々なことが学べるはずです。

□人を信じない上司には、野生の動物を手なずける感覚で対応する

04
戦略を変える

押してみてダメなら、一度引いて様子を見る

絶対に自分が正しいと確信したとき、つい熱くなってしまうことがありませんか？　私は社会人になってじきに、そういう経験を何度もしました。

自分の考えに自信があると、理想や信念を通したいという気持ちのあまり、鼻息荒いイノシシのように突進することもしばしば。けれど、相手のノリは今ひとつです。するとﾌ「何でこんなに明白なことなのに分からないんだろう」とフラストレーションが募ってきますね。

そんなときは戦略を変えてみましょう。押してみてダメな相手に、いくら説明したり説得を試みたりしても何の効果もありません。

悪くすると相手が意固地になって、もう聞きたくない！　と全面拒否になってしまう場

合も。

そうなったら、元も子もありません。せっかくあなたが自信を持って提案していることや、会社のためになる案件があるのならば、それを実現させるためにこちらも賢く動く必要があります。

押してダメなら引いてみる。この行動、効果はかなり期待できます。

Tさんは、異動になった先輩の顧客を、次はぜひ自分に担当させてもらいたいと思っていました。自分が担当したらこれくらいの収益を上げられる、という資料と計画表を持って上司に申し出ましたが、「君にはまだ早い」と一蹴。どうしてもあきらめられずに、あの手この手で上司にアプローチしたり、あるときは上司のデスクの横で頭を下げ続けていました。それほどの熱意でした。けれど、Tさんが頼めば頼むほど、上司は頑として首を縦に振らなかったのです。ある日、ついにTさんは「もういいや」という気持ちになりました。もう時間のムダだからと他のことに目を向け始めたのです。

ピタッと上司への説得をあきらめたTさん。ところがです。今までハエのようにまとわりついていたTさんが、ふっと「引いた」途端、なんと上司のほうが彼のことを気になり出したのです。しばらく様子を見ていましたが、Tさんは何もなかったかのような素振りです。

するとこの上司、驚くべきことにTさんの提出した資料にあらためて目を通し、チャンスを与えることにしたのです。これもTさんが、**無意識にしても「引いた」効果が現れた**からでした。

男女のかけひきではありませんが、押されっぱなしだとうっとうしいもの。押してみて動かないと思ったものでも、引いてみると動いたりします。

そんな心理的なかけひきができるようになれば、社内外問わず、今まで難しかったこともスムーズに行くようになるのです。

□押し続けると、相手はさらに意固地になることも。それよりも、一度引いてみて

05

機嫌の取り方

「感謝＋褒め言葉」で上司を気持ち良くさせる

上司だって人間です。様々な理由で機嫌が悪くなることもあります。自分は悪くないのに八つ当たり、などというのも別に普通のこと。秘書でいるとそんなことは日常茶飯事、自嘲気味に、「私は上司のサンドバッグよ」などと公言したこともあります。

ですが、できれば八つ当たりなんかで、せっかくの自分の一日をダメにされたくないですね。

そこでお勧めなのが、「上司コロコロ法」です。自分の手のひらの上で、小さくした上司をコロコロ〜と転がす、そんなイメージです。ここで重要なのが、気持ちを大きく持つ、ということ。

つまり、**機嫌の悪い上司よりも、精神的に大きく大人になるのがコロコロ法の心得**です。

一言で言えば、「相手にしない」のです。
自分の手のひらで転がっている豆人間が、いくら「ぎゃーぎゃー」わめこうと、悪態をつこうと、同じレベルで怒ったり、相手をするのはバカバカしくありませんか？　それよりも、こちらの都合が良いように、その相手に言うことを聞いてもらえれば、どんなに自分のメリットになるか分かりません。
けれどそうは言っても相手は上司。「この豆人間！」なんて口が裂けても言えません。表面的には絶対服従。そもそも、上司は尊敬されたいのです。

ですからまずは、**上司の「尊敬されたい部分」を満足させる**ために、感謝と褒め言葉は惜しみなく注ぎましょう。

「自分が」よりも「誰それが褒めていた」ということを伝えるのが効果的。さりげなく持ち上げるのがコツです。次に、上司が期待していないことを、先回りしてやってみて下さい。疲れているようならコーヒーの差し入れ、雨の中、外出する予定があるなら傘を用意しておいたり、タクシーを呼んでおく。何でも構いません。上司が「気持ちいいな」と思うことをするのがポイントになります。

とにかく上司には気持ち良くハッピーに働いてもらわないといけません。**「上司の幸せは部下の幸せ」。上司の成功は、部下の成功につながるから**です。

上司がハッピーになる効果はそれだけではありません。今まで「NO」と言っていたことでも、気分が良くなり余裕が出た上司の気持ちが「YES」に傾くことも多々あるのです。

八つ当たりならさせてあげましょう、愚痴なら聞いてあげましょう。すべてはあなたの手のひらでコロコロ転がしているだけです。面倒でも「子供の世話をする」と思えば、不可能ではありません。この子供はお給料を払ってくれるのですから。

□「上司コロコロ法」を身につければ、機嫌の悪い上司からの攻撃に傷つかなくなる

06

伝える

「相手は分かっているはず」という思い込みは捨てる！

「コミュニケーションが重要」

研修などでよくこんな言葉を耳にしますね。けれど、先生の教えを黙って聞くという、一方通行の教育の中で育った私たちには、一体「どう」重要なのか、「どうやったら」上手になれるのか、分かりにくいのが現実ではないでしょうか。

周りを見回してみて下さい。仕事ができて周囲とうまくいっている人は、積極的に言葉を発して自分の意見や考えを伝えようとしているのが分かると思います。つまり、意識して自分の方から相手に働きかけているのですね。

上司とのやりとりでも同じです。彼らがどんなに仕事ができるといっても、あなたの心

を読むことはできません。ですからやはり、**こちらから「伝える努力」をする**必要が生じてくるのです。

私が秘書になりたての頃の話です。朝、突然虫歯が痛み出し、薬を飲んで出勤しました。夕方に歯医者の予約を取ったのですが、それまで何とか耐えねばなりません。強い痛み止め薬のせいで頭もぼうっとし、集中力も薄れてきました。仕事に集中しようと思うあまり、周囲への気遣いも減っていたのだと思います。ついに上司から呼び出されました。

「君は今日、すごく感じが悪いのを自覚し

ているか？　何があったか知らないが、自分の感情をコントロールできないのはプロとして失格だ！」

「こんなに頑張っているのに！」と、私は被害者意識が最高潮に。堰《せき》を切ったように、どれだけ虫歯が痛いか、それに耐えるためにどれだけ努力しているかを訴えたのです。すると呆《あき》れた顔の上司から、こんな答えが返ってきました。

「君は赤ん坊か？　最初からきちんと自分の口で自分の状況を説明すべきだろう。『自分が頑張っている』事実に酔って、肝心なポイントが抜けているよ。痛いなら痛い、だからこうします、と説明するのが大人の仕事じゃないか！」

その瞬間、我に返りました。「おっしゃる通り！　言わない限り、歯が痛いなんて分かるわけがないわよね」と。仕事をきちんとしてから、周りに迷惑がかからないように夕方から歯医者に行く、なんていうのは、上司曰《いわ》く、身勝手な悲劇のヒロインのシナリオでしかなかったのです。

私がすべきだったのは、最初からきちんと上司とコミュニケーションをとって、彼の意向をくんだ解決法を考えることでした。上司にとっては感じの悪い秘書が中途半端な仕事ぶりでデスクにいるよりも、たとえ就業中に仕事をぬけてでも歯医者に行かせたほうが何倍もよかったのです。

ちょっとしたコミュニケーションを怠ったために問題が大きくなり、周りに迷惑をかけてしまった失敗例です。

私たち日本人は察する文化の中で暮らしています。**日常生活では美点とされる「察する・慮《おもんぱか》る」ということも、仕事のシーンにおいては、残念ながら私たちを「コミュニケーション怠け者」にしてしまっている**のです。

一番危険なのが、「相手は分かっているはず」という思い込み。人間は一人一人違います。ですから、考えていることも千差万別。そんな中で、言わなくても分かってもらえる、と思うのは危険なこと。

「誰も自分を分かってくれない」と感じたときは、実は自分自身で、誰にも「分からせないようにしている」ことに気付いて下さい。

良い仕事は、良いコミュニケーションから始まります。

今この瞬間から、どんなことでも構いません。相手には「言わないと伝わらない」をモットーに、丁寧なコミュニケーションを心がけましょう。

相手が分かってくれているだろうと思っても、再確認。

自分が良いアイディアがあると思ったら、ダメもとで発言してみる。

理解できていると思っても、あえてもう一度尋ねてみる。

最初から上手でなくてもよいのです。気を付けていれば必ず上達します。

□「伝える努力」をすることで、自然と仕事度は高まっていく

07

時間

上司や仕事相手の時間＝お金と意識する

だらだらした説明や、無意味に長いプレゼンテーション。どちらも相手をイライラさせる上に、「結局、要点は何なのか」と問い返される始末になります。

罪はそれだけではありません。実は相手の貴重な時間を無駄遣いしているのです。友達や家族とおしゃべりをしているわけではありません。上司や仕事相手の、「1分いくら」の時間が、その長い説明の間にどんどん失われていくのです。

厳しいことで有名な上司にこう言われたことがあります。

「君は今、1分1万円の私の時間を10分も無駄にしたのだ。一体どうやって補填《ほてん》するんだ？」

上司からの予想外の質問に答えられず、手元の資料を見ながら、つっかえつつ説明したために、余計な時間がかかってしまったことへの批判でした。

上司も自分のお客様と考えて下さい。お客様は自分に利益をもたらしてくれる存在です。その大切なお客様の時間は、お金のようなもの。粗末に扱えば立派な時間泥棒です。私たちが無駄遣いしてしまったその時間で、彼らは更なる利益を生み出したり、会社を守ったりできるからです。先述の上司が言った通り、どうやったらその時間を私たちが補填できるというのでしょう。

上司を含めたお客様と接するとき、必ず

相手の時間＝お金と思って扱って下さい。決して無駄遣いはしないように次のことに注意しましょう。

1．常に話は短く要点のみ
2．話をする前に、相手からくる質問を想定して準備しておく
3．上司やお客様の時間＝お金が減れば、自分の利益も減ると心得る

相手の時間を大切にするクセがつけば、自分の時間への考えも変わります。時間を無駄遣いしないクセは、仕事においてもプライベートにおいても、必ずプラスにつながります。

□上司や仕事相手の時間は、黄金を扱うように大切に

08

相手を恐れない

精神科病院に送り込む上司には、見えないバリアを張る

私は新卒で入った会社で、パワハラにあったことがあります。社会人になって間もない頃だったため、これが社会というものと思い込んでしまった私は、ただ自分を追いつめるように働いていました。

朝の通勤途中、駅についた瞬間に足がすくんで動けなくなったり、二度と朝が来なければいいのにと思ったこともありました。

その後、ある日憑《つ》き物が落ちたように、自分には辞める選択もあるのだと気が付いて転職したのですが、その転職先で、先輩に「(パワハラを)やられるのは君にも責任があるんだよ」と言われました。

なんてひどいことを言う人だと、一瞬ムッとしたのですが、話を聞いているうちにだんだんと納得しました。
彼の話を元に、私がその後、気を付けるようにしたのが次の3点です。

1. **相手の言動に怯《おび》えたり反応したりした時点で自分の負け。気おされないこと**
2. **何を言われても、殺されるわけじゃない**
3. **いかに偉かろうが相手も自分と同じ、ただの人間だということを理解する**

萎縮すれば相手はもっと強気に出て来ます。するとこちらは実力が出せなくなるだけでなく、普段だったらしないミスまで連発です。もったいないと思いませんか？

どんなに脅されたところで、殺されるわけでも直接危害を加えられるわけでもありません。**毅然として、見えないバリアを張りましょう。**表面では服従しても、自分の内面には断固として影響させないのです。

そしていつも通り、自分にできる１００％で仕事に臨みましょう。

冷静さを保っていれば、心の中で「けっ、小さいヤツ」なんて悪態をついても構いません。どんな地位の人にも、あなたの実力を決して封じさせないで下さいね。

□どんな上司にも、気おされないで堂々と

09
理論武装

上司を納得させるには、「事実」と「理論」を準備する

『～だそうです』だと⁉ 裏は取ったのか？ データはどこだ！」

できる上司には、曖昧な物言いは一切通じません。**彼らが信じるのは筋の通った理論と、純然たるデータに支えられた「事実」のみ**です。「～と聞きました」などの伝聞で話をするのはもってのほか。あっという間にやりこめられてしまいます。

自分に置き換えてみて下さい。同じような健康食品をA社とB社、どちらから買うか迷っているとします。

A社の場合、広告は地味ですが、詳細な成分表とともにきちんとした研究所でのテストデータを付けています。

一方B社では、目を引く派手な広告とともに、利用者の声として、匿名の感想が並べられています。

さて、どちらを選びますか？

恐らく大半の方が、地味な広告でも信用のある研究所のデータを載せて、成分を説明しているA社の商品を購入するのではないでしょうか。

上司もこれと同じです。質問があったときに彼らを納得させられるのは、一目で分かるデータ資料と根拠のある説明。すべて具体的に、曖昧な部分は少しも許されません。

逆に言えば、**何が何でも上司に納得してもらいたいことがあったときは、このツボを押さえればよい**のです。

これでもかというくらい、相手がぐうの音も出なくなるほどの証拠や事実を集め、それを元に、簡潔で理路整然とした説明をすれば、攻略可能になります。

「自分だったら納得するか？」

説明する前に、この質問を自分にしてみて下さい。このことを心がけていれば、上司からもお客様からも、面白いように評価が上がります。

□自分も相手も納得できる「事実」と「データ」が勝敗を決める

10

評価基準

評価が上がらないと思うときは、自分に足りない部分を尋ねる

誰もが上司に満足してもらいたいと思っているでしょう。でも上司の満足とは、一体どういうことでしょうか。ご機嫌取りをして、いくら上司がニコニコしていても、それは満足ではありません。一時の出来事です。

上司の満足……ズバリそれは、**どれだけ仕事で貢献できているか**に尽きます。仕事で業績を伸ばせば上司が褒められます。上司のサポートをすれば、助けられた上司は感謝をします。助けられるのが当然と思っている勘違い上司でも、あなたがいなければ自分が困る、くらいの自覚は当然あります。

どちらにしても、上司と部署にとって、**あなたがいなければ仕事にダメージが出る**くらい貢献すればよいのです。

そしてその行動が、査定と評価基準に響くことになるのです。

「自分は仕事を精一杯やっている、貢献もしていると思う。けれど評価が上がらない」

そう思っているのならば、ぜひ上司や同僚と話をしましょう。直接、自分に足りない部分と、こうして欲しいと思っている内容を尋ねるのです。もしかしたら、自分が考えていた上司の希望と、実際に望まれていることが違う可能性もあるからです。

ヒステリックになったり、暗い様子で尋ねるのは禁止です。あくまでも上司や同僚が何でも言いやすいように冷静に聞いてみて下さい。

「何でも言ってもらえる自分」になるのは、自分の成長を助けてもらえる最短の方法です。

自分がいなければ困る、ということが、貢献していることのバロメーターです。誰にでもできる仕事スタイルだと、代わりはいるからとあまり貢献度が認められません。

同じ仕事でも「自分だからできる工夫」を加えてみて下さい。部署全体を見回して、足りていないところをフォローし、チームの成績が伸びるような仕事を目指していくと、上司の満足が評価となって表れます。

□どんな仕事でも工夫次第で貢献度が上がり、それが上司の満足度につながる

MISSION

3

やるべきことを溜めずにハイスピードで処理せよ!

01

整理整頓

未処理メールは、常に10通以下を意識する

仕事ができる人は、整理整頓が上手な人が多いのですが、会社での整理整頓は、机の周りや毎日使う書類に限ったことではありません。

デキる上司のメールを覗《のぞ》いてみると、そこに秘密が隠されています。様々なところから、１日に１００通以上のメールが来ているというのに、保留にしてある未処理メールは10通ほどしかありません。

ある日不思議に思って上司に尋ねてみると、こんな答えが返って来ました。

「後で読もうと思ったり、やろうと思って未処理ボックスに入れておいても、結局は時間がなくなったりして手が回らないからね。だから、逃げないことにしたんだ」

この上司の言う「逃げない」とは、つまり「後回しにしない」ということでした。「面

倒だから、今は時間がないから」と自分に言い訳をして、逃げない。メールは一つずつやっつけるのが解決法でした。

この「未処理メールは10通まで」という心がけを取り入れてからの効果は、私自身が実感しています。**どんなに面倒くさくても、メールが来た瞬間にできる限り処理をする**のです。処理が終わったらすぐに、そのメールを分かりやすく分類したフォルダに移しておきます。

そしてどうしても**そのとき対処できないメールは、「今日中に」フォルダを作って、同じくメールを移します。**「今日中に」フォルダは、名前の通り、「今日中に」対処するフォルダ。どうしても当日にできないものは、期限を決めます。

ちなみに、エグゼクティブたちは一日に50～100通くらいのメールを受け取ります。ですから、その数を考えて未処理ボックスには10通とお伝えしましたが、もしあなたに来るメールが20～30通くらいであるならば、その1割なら残してOKという感覚で実践してみて下さい。

慣れるまでは面倒くさいかもしれません。けれど一度クセになれば、受信箱がきれいになっていないと逆に気持ち悪くなります。その頃には他の仕事の効率もきっと良くなっているでしょう。また、未処理のメールを整理することで、自分の頭も整理できます。いつも物事を先延ばしにするクセを解決するこの方法、身の回りの整理整頓に加えて、ぜひ取り入れてみて下さい。

□仕事ができる人は、机だけでなくメールボックスも整理されている

02

イレギュラー対応

一日の時間の3割は、駆け込み依頼用とする

仕事をしていると、人は大きく2タイプに分けられると思います。

1. 常に変化を楽しめる人

2. できれば同じルーティンワークを毎日していたい人

あなたはどちらのタイプでしょうか? 前者の「常に変化を楽しめる人」であれば、駆け込み依頼の仕事も、ほとんど苦にならないと思います。このタイプは毎日同じ仕事をしているとと飽きてしまうので、変化を面白いと感じられるからです。

けれど、後者の、「できればルーティンワークだけで……」というタイプの人にとって、一番苦手なのはいつもの流れが中断されることではないでしょうか。会社で働いていれば、いつ何時、異動が発令されるか分かりません。ルーティンワークが変わるだけでもストレ

スなのに、異動で周りの環境や仕事内容が変わったら一体どうなってしまうでしょう。新しい仕事場でもたくましく生きていくには、意識して早めにルーティンワークのクセから抜け出しておく必要があります。

秘書になって一番驚いたのは、急ぎで頼まれる駆け込み仕事の多さでした。

「至急この資料をまとめてくれ」「30分後の会議の前に、もう一つ急ぎでミーティングを入れて！」「5分以内に先方をつかまえろ」……など、上司が次々と繰り出す、すべてが「至急」の駆け込み依頼に、思わず「あのー、私の身体は一つしかないことをご存知ですか?」と言いたくなりました。けれど現実にはそんな発言は許されません。とにかく一つずつやっつけていくしかなかったのです。けれどそのうちに気が付きました。世の中が刻々と変わっていっているのですから、事態が変わるのは当然のこと。それに応じて、様々な駆け込み仕事が降ってくるのは不思議ではありません。

現実には、一日3割くらいはそんな状況が起こるのではないでしょうか。

たとえ現時点でそうでなくても、あらかじめ「一日3割」は急な命令がくると想定しておくと、自分の気持ちに余裕ができます。その都度ぱっと頭を切り替えて、対応が可能になるからです。

急な頼まれごとや、イレギュラーな対応は「あって当然」。いつでも準備万端という気持ちでいれば、動揺することも少なくなります。そうすれば仕事をさばくスピードも早くなっていくことでしょう。

□イレギュラーな仕事は、あって当たり前!

03

優先順位

頼まれた急ぎの仕事は、上司よりも会社とお客様を優先！

急ぎの依頼があったときの対応で、仕事ができるかできないかの評価が決まってしまうのを知っていますか？

急ぎの仕事が入った場合、仕事の仕分けをする必要が出てきます。でもそのときに、優先順位で悩む方は少なくないのではないでしょうか。

重要なのは、**「どれから始めるか」ではなく、「どれから捨てるか」という作業。**

「捨てる」というと、抵抗があるかもしれません。けれど、何も上司からの仕事を、本当に捨ててしまうわけではないのです。一時的に捨てる気持ちで仕事をするということを意味しています。

選ぶのはこの順番です。

1. 今すぐしないと会社に損が出てしまう仕事

2. 地位が上の人からと、大切なお客様からの仕事

3. 上司からの急ぎの仕事

「上司からの仕事」が最後でびっくりされるかもしれません。ですが、ちょっと考えていただくと分かるように、**自分にとって上司がすべてのように思えても、それはあなたがいる部署の中での話。会社という大きな組織全体を考えた場合、どう逆立ちしても上司が勝てないのが1と2**です。

そしてその事実を誰よりも知っているの

が、他でもない上司です。ですからこの3つが存在する場合は、なぜ上司の急ぎの用件よりも優先しなければいけないことがあるのかをきちんと説明し、本人には内緒ですが、上司の仕事はいったん「捨てるリスト」へ入れましょう。

全部やろうと思うとパニックになります。例えば2時間で5件の急ぎの仕事を完了させるのに、「120分あるから5で割って……」などとやったら、必ず失敗します。

思い切って捨てられる＝後回しにするものを決めてみる。そして残ったもの＝本当に重要なものからさばいていくのです。仕事の仕分け、優先順位を素早くつけられるようになるためにも、ぜひ身につけたい考え方です。

優先順位をつけられるようになれば、その日に終えなくてもいい仕事は無理をせずに、その日の業務に見合った仕事をすることもできるようになります。

□仕事を「捨てる」勇気があれば、仕分け上手に！

04

「完璧」に固執しない

「今すぐ資料が欲しい！」と言われたら、5分を目安に用意する

最初から完璧を求めた仕事をすると、往々にして時間がかかり過ぎてしまうことがあります。

例えば、上司から「今すぐ資料が欲しい！」と言われた場合、一番大切なのは「今すぐ」という時間です。そして同じくらい大切なのが「正確」ということ。となると、この場合必要な行動は、完璧をまず横に置いておき、「ざっくり」「正確」な資料を集めて、「今すぐ」提出することですね。

ですが、「今すぐ」という言葉に動揺して、あたふたしてしまうと、パニックで思考停止状態になり、ミスも発生してしまいます。ここはあくまでも落ち着いて、自分への目安として「5分以内での対応」を心がけてみて下さい。

何故最初から完璧を目指さないかというと、正確と時間は重要ですが、「完璧」の尺度は人によっても違うからです。自分の「完璧」が、上司や他の人の「完璧」ではない場合、「何で時間ばかりかかるんだ」ということにもなりかねません。つまり、完璧を目指すよりも、「現時点でのベスト」な情報とともに、完璧なものならばいつまでに提出できますという報告を5分以内にすることが大切なのです。

上司が一番嫌がるのは、部下から反応がないことです。なぜならそれは、先の見通しが立たないから。このことを理解していれば、次回からはあなたも上司を満足させる仕事ができること間違いなしです。

□自分スタンダードの「完璧」への固執は、仕事のスピードを鈍らせる

05
緊急事態
トラブルが解決するまでは、やれることを考え実行し続ける

海外からのビジター（出張者）が、パスポートを失くしてしまったことがありました。前の日に仕事の成功を祝って同僚と六本木に出かけて羽目をはずし過ぎ、べろんべろんに酔っ払って、気が付けばパスポートやその他の書類が入ったバッグをタクシーの中に置き忘れてしまったのです。

「飲みに行くのに、一体何でパスポートを持ち歩いていたの！」

出そうになった言葉を必死で口の中に押し戻しました。

「絶対に明日の便に乗らないとまずいんだ。向こうで重要な仕事があるんだよ……」早朝とは言え、まだお酒の臭《にお》いをさせながら青ざめるビジター。

思わず上司の顔を見ると、平然として「何とかしてやってくれ」。これが出たら「何と

か」するしかありません。

まずは、このビジターのフライトの予定を確認。同時に、最悪何時までに現地に到着すればいいのか確認し、それに間に合うようなギリギリの飛行機に、席を一つ確保しました。こうすれば、万が一のときに便を遅らせて時間を稼げるからです。もちろん今取れている飛行機の席はそのままキープです。タクシーのレシートがあれば助かったのですが、酔っ払っていた彼が、お財布を失くしていなかったことだけが不幸中の幸い、それ以上は望めません。「おぼろげだけどタクシーの色が黄色だったような……」という彼の証言を信じて、他のスタッフと協力し、片っ端から黄色いタクシーを持っている会社に連絡をして調べてもらいます。こういった場合、タクシーセンターへ連絡をすると、更に情報が得られる上に、遺失物が見つかることもあります。同時に警察へも連絡。すると遺失物届けを出してもらわないと動けないというので、同僚に頼んで、ビジターと一緒に警察での手続きに向かってもらいました。

一方、私は大使館が開くのを待って緊急時のパスポートの再発行、もしくは一時的な査証を出してもらう方法を問い合わせました。けれど、人道上の理由もしくは危機的状況がなければ、緊急発給は難しいと、あっけなくあしらわれ撃沈。それはそうですよね、そんなことを言っていたら、酔っ払ってパスポートを失くしてしまった輩《やから》が列をなして並んでしまいます。信じられないことですが、夜の六本木ではパスポートの忘れ物は珍しいことではないのです。

こうなったら一計を案じるしかありません。実際、この彼が現地で参加する会議というのは、会社の損益に関わってくる大切なものでした。会社の損益に関わるのならば、会社にとっての危機的状況と勝手に思い込むことにして、次の行動に出ます。

時差のある現地に連絡をし、招聘《しょうへい》レター（入国する側の企業や人からの招待状のようなもの）を用意してもらうことにしました。「この社員が戻ってこなければ、会社に多大な損が出て、危機的状況をもたらす」という内容です。それも、少しでも地位の高い人からのレターが功を奏します。それを持って、一か八か大使館に乗り込むのです。さすがに、相手国は時差で時刻も遅くなってきており、オフィスには招聘レターを作成するスタッフは誰もいません。既に帰宅していた現地のエグゼクティブに事情を説明し、ようやく承認付きのメールをもらいました。そこに必要書類を東京で添付して大使館に持ち込めたのが、午後。案の定、大使館ではあまり歓迎されない応対でしたが、そんなことは気にしてはいられません。やることはやったはず、後は待つのみでした。

いったんオフィスに戻って連絡を待つように言われた私たちでしたが、当のビジターには、5分おきに「まだ連絡はないだろうか……？」と質問されます。

そこで一緒になってパニックになれば、状況は更に悪化します。私自身も胃がきりきりしていましたが、あえて冷静を装っていました。

「やれることは他にないのか？」

そんなとき、上司のその一言で、はっとしたのです。**やり尽くしたというのは、自分の納得できる結果が得られてから言えること。結果をただ待つのはあまりにも時間の無駄遣いです。**そして考え付いたのが、大使館へのコネがないだろうかということでした。上司に伝えると、彼の知り合いにあたってみるというので、私は社内のエグゼクティブの秘書たちに片っ端から連絡を始めました。

そして最終的にたどり着いたのが、上司の息子さんが通う学校の父母の一人、Eさん。大使館に強いコネがあることが分かったのです。まず上司の奥様から、ママ友コネクションでEさんの奥様へ連絡を入れてもらいました。そして上司が直接Eさんと話すことができたのです。結果、奇跡的にぎりぎりで、緊急の一時旅券を発給してもらうことができました。

「これは高くつくぞ！」と笑いながらビジターを脅した上司でしたが、ホッとしているのが見て取れました。あとは、バックアップで取っておいた飛行機をキャンセルし、元の飛行機の運航状況の再確認。

骨を折ってくれたEさんには上司からお礼の電話、取り次いで下さったEさんの奥様には、上司の奥様を通じてお礼を伝えていただきました。同時に、お礼の品とお礼状を用意してお送りし、上司が食事にご招待する旨も伝えました。

翌日、何事もなかったかのようにけろっと帰って行った、この人騒がせなビジター。彼が飛行機に乗るまで気が張っていましたが、この出来事は、やればできるという学びと自信を与えてくれたのです。

今回は運良く大使館へのコネクションが見つかりましたが、いつもそういうわけにはいきません。そもそも一時旅券が出ずに、このビジターが大切な会議に間に合わなかった可能性のほうが大きかったのです。けれど、そうだったとしても、被害を最小限に食い止めるべく、即次の行動へ移らねばなりません。

重要なのは、「決してあきらめない」こと。そして目的の結果が出るまでは、「やれることは必ず残っている」ということです。

トラブルはくじけそうになる「自分との戦い」ではありますが、同時に乗り越えれば乗り越えるほど、経験として自分の実力になっていきます。これればかりは教科書やセミナーでは学ぶことのできない、貴重な財産です。

進んでトラブルを探せとは言いません。けれど、「そのとき」が来たら、腹を決めて、自分のできる最善を尽くしましょう。誰のためでもありません、すべて自分のためになるのです。

□どんな修羅場でも「必ず」やれることはある

06

ミスを防ぐ

やるべきことは「書き出し」て、一つずつクリアする

仕事に追われている最中は、あれもこれもと実にいろいろなことが頭の中を駆け巡ります。どんなに記憶力が良い人でも、瞬間的に頭によぎったことをすべて覚えて実行できる、という人はなかなかいません。

そして何故かその場で忘れてしまったことを思い出すのが、帰りの電車の中や、夜中に突然目が覚めて……という場合が多いもの。最悪なのは上司やお客様の前に出たときに、「やっておくんだった！」と悔しい思いをすることですね。

ただでさえ時間がない毎日を楽にするために、ここでは基本に戻って「書き出す」ことの重要さを伝えたいと思います。

何故、今更こんな基本を……とお思いでしょう。

それは、**「書き出し」ていけば「覚えておく」ために使っていた脳を、他のところへ働かせることができる**からです。アイディアややるべきことが頭に浮かんだ瞬間、そのときやっていることは、一瞬おろそかになります。

「覚えておかなくちゃ」という考えに神経がいってしまうからです。でも覚えておくことを「書き出して」紙やPCに任せれば、あとは忘れて、今していることに100%集中できますね。やり方は人それぞれ。大きな紙に書き出すのでも、ノートを一冊作って書き出すのでも何でも構いません。ＰＣに打ち込んでおくほうが得意であればそれでもＯＫ。けれど出先のこともありますから、ポケットに入るくらいのミニノートを常時持っていれば便利ですね。

そのミニノートが付箋《ふせん》のようになっていれば更に効果的です。その理由を説明しましょう。付箋に書いておくとなくなってしまう、という声も聞きますが、**実は付箋は剥がして捨てられるからこそ、役に立つこともある**のです。

私のＰＣ画面の周りは、いつもライオンのたてがみのようにビラビラと小さな付箋が貼られていました。ある日、上司が笑いながらこう言ったのです。

「僕のね、小さな娘が学校で花柄の付箋をもらってくるんだよ。それに自分ができる『お手伝い』を書いて冷蔵庫に貼って、『できたら』剝がすことになっているんだ。交換にキャンディを一つもらえるんでね。まさか君にまでキャンディをあげなくちゃいけないわけじゃないよね」

上司の奥様は学校の先生にこう説明されたそうです。

「書くことで頭に入る→貼ってあることで忘れない→剝がすことで達成感」

まさに私がやっていた通りの仕組みでした。小学生と同じレベルかもしれません。けれど、こんな単純なことで、毎日のやるべき仕事がモレなし、ミスなしになるのだったら、試してみる価値はあると思いませんか？　誰しもできないからミスするわけではありません。**時間に追われているからこそミスが起こるわけで、だったらそれを防げば良いのです。**

この付箋の活用法、大きさとしては2×3センチくらいの小さめのものがお勧めです。いわゆる普通の大きさだとスペースの無駄、横長のものだとぴらぴらして剝がれやすいからです。ちょうど良いサイズが見つかったら、それにやることをすべて書いていきます。一枚に一件ずつです。

それをPCならPC、机の前についたてやボードがあるならばそちらに、どんどん貼っていきます。剝がれやすくて心配ならばセロハンテープで補強しましょう。

あとはその仕事が終わったら、ぺりっと剝がして丸めて思い切り捨てるだけ。不思議と一つずつ小さな達成感を覚えることができます。何かをやり終えるのは、どんな場面でも気持ちの良いものです。それを利用して、自分のプチ高揚感を高めてあげましょう。

お勧めすると、「こんな当たり前で初歩的なことなんて！」と、皆さん最初は首を傾げられるのですが、やってみると、この小さな達成感が嬉しくて、気分がノッて来るのだとか。確実に網羅できる方法として、ぜひ試してみていただけたらと思います。

「優先順位ごとに色分けを決めるのもお勧めだよ」と逆に言ってくれた人がいます。以前、「何でそんなにたくさんの付箋が貼られているんだ」と質問して来た、デキるマネージャーの一人でした。最初は鼻をフンと鳴らしてバカにしていた彼が、実はやってみたら効果を実感できたのだそうです。

□やるべきことは付箋に書き出し、終わったら剥がして小さな達成感を得る！

07

仲間に頼る

キャパオーバー時のために、普段から「助けを頼みやすい環境」を整える

Dさんの悪いクセ、それは仕事を抱え込むことでした。毎日、会社に住んでいるのではないかと思うくらい、早朝から夜中まで働いています。その割にこれと言って目に見える成果を上げるわけではなく、彼の上司は頭をひねっていました。

そんなある日、連日の長時間労働がたたって、Dさんは過労で倒れてしまったのです。数日間、病院での休養を余儀なくされたDさんのデスクに座って、仕事の状況を確かめようとした上司は驚きました。信じられないくらいの量の案件が、Dさんの元へ集まっていたからです。

「何故何も言わなかったのか、助けを求めなかったのか」と上司に問われたDさんが言ったのは、「仕事ができないと思われるのが嫌だった。頼んでも同僚に嫌な顔をされると思

った」ということでした。Dさんの言いたいこともわかります。

けれど、引き受けた案件を「仕事ができないと思われたくない」という理由で抱え込み、その結果納期に遅れが生じたり、多忙の余りミスが出るようでは、それこそ「仕事ができない」というレッテルを貼られます。まさに本末転倒です。

一方、同僚に断られるのではないか、という考えも一理あります。ですがこちらも工夫次第で解決できるのです。**普段から「助けを頼みやすい環境」を整えておく、**ということです。

自分が怠けた結果、仕事に手が回らなか

ったり、分からなかったりするのは大いに問題です。けれど、**一生懸命仕事をしているのにどうしても……という場合は、「責任を持って仕事を終わらせる」ために、他の人に助けてもらう決断を下すのが、社会人として必要な行動**です。

もちろん一方的に助けを求めるだけでは、Dさんの危惧《きぐ》通り周囲ともギクシャクしてしまいますね。ですから、そのお返しに相手が大変なときに、こちらが一生懸命助けてあげればよいのです。

その関係を円滑に築くためにも、日頃から自分の手の空いているときは、積極的に周りのサポートをしてあげて下さい。

実際に何かできなくても、「できることがあれば言ってくれ」と声をかけておくだけで、心強く思えるものです。

すると、この人は自分が大変なときに手伝ってくれる人というイメージができあがります。そのイメージがあるからこそ、あなたが助けを必要としているときには、周囲は快く手伝ってくれるのです

仕事をする上で大切なのは、自分の気持ちやプライドではありません。

会社のために、いかに「早く」「正確」に、仕上げるかということ。そのために仲間に頼ることは決して恥ずかしいことではないのです。それに加えて、何かの理由で自分がその仕事をできなくなったときに、誰が見ても途中からすぐ引き継げるような丁寧な仕事をするのも、プロの掟です。

□誰かに助けてもらうのは恥ずかしいことではない。プライドよりも会社を優先する

08

人間観察

相手を知り尽くして合わせる「カメレオン対応」を身につける

ここまで何度かお伝えしてきましたが、人間観察は、あらゆる場面で活躍します。仕事に関係なくとも、普段から興味を持って周囲の人々を観察していると、実にいろいろな学びがあるからです。

そしてこの人を観察する力は、仕事でも大いに役立ちます。最大の効果は、**相手に沿って仕事をする「カメレオン対応」ができるようになる**ことです。

よく「臨機応変に」という言葉を聞くと思いますが、言葉の意味は理解できても、実際に行動に移せていない人を多く見かけます。

親しい友達を思い出してみて下さい。辛《から》いものが嫌いという友人をインド料理のレストランに誘ったり、アルコールを飲めない友人にワインをプレゼントしたりはしませんよね。

その友人の好みに合ったおもてなしをしたいと思うはずです。そしてそれができるのは、あなたがその友人を知っているからこそです。

仕事においてもそれはまったく同じ。**相手を知れば知るほど、相手の好み通りの仕事ができる**ことになります。

例えば、朝型の上司に、夕方遅くになって複雑なお願いをしたとしても、ＯＫが出る確率はぐんと減りますね。

時間をかけてじっくり資料を読むスタイルの同僚に、「とりあえずパッと目を通して」などと頼んでも、１００％うまくいくはずがありません。

そんなとき、日頃から相手を知り尽くしておけば、その相手に沿ったお願いができるようになるのです。

「自分だけじゃなくて、相手がこっちに合わせてもいいじゃないか」と思う方もいるでしょう。でも、そう言ってみたところで、相手が変わると思いますか？　人は変えられないのです。その点、**自分は意識次第でいかようにでも変えることができます。**

自分を、相手や状況に沿って変えることができたら……その効果は絶大です。仕事が楽になるだけでなく、まさに臨機応変の仕事がデキる人、という評価まで付いてきます。

□会社で人間観察をして、「カメレオン対応」ができるようになろう

09

経験を積む

面倒くさい仕事こそ、最後まで手を抜かずやり通す

私たちにとって普通のものでも、外国から来る方にとっては、珍しさのあまり「自分も欲しい！」と思うものが実にたくさんあります。それが、浴衣や日本人形など、簡単に手に入り、持ち運びが可能なものならいいのですが……。残念ながらそのときの私は、それほど幸運ではありませんでした。

「いやぁ、とても有意義な一週間だった。ところで、私は日本のトイレが非常に気にいってね、あの『自動シャワー付きのトイレ』が欲しいんだ。それから先日の焼肉屋の設備も。お金はいくらかかっても構わないから、手配して送ってもらえるかい？」

そう言ってにっこり笑ったアメリカからのビジター。今でこそ自動シャワー付きのトイレは海外のお客様向けにも売り出されていますが、当時はそこまで普及しておらず、トイ

レメーカーに問い合わせたところ、「残念ですがこちらから送るのは難しい」とのこと。

この会社は米国法人があったので、そちらに頼んでもらえるかを尋ねると「うちでは日本国内のことしか分からない」と断られてしまいました。こうなったら自分でやるしかないと腹をくくり、直接現地の会社に連絡をとったわけです。

この会社に限らず、同じ会社なのに国や言語が違うと、別会社扱いのようになってしまうことは決して少なくはありません。

けれど、**面倒くさがらずに自分の仕事のテリトリーを世界中に広げることで、欲し**

い結果を手に入れられるようになる、とこのときに覚えました。

次に、焼肉屋さんの設備です。一体どんな設備なのかと問い合わせてみると、ものすごい勢いで煙を吸い取る特注のものだと嬉しそうに説明してくれました。ビジターが目を付けるはずです。

けれど、特注のため既製品ではありません。発注している先も大手ではなく、一つずつ時間をかけて作り上げるため、納品にも時間がかかるとのこと。

「じゃあしょうがないな」とビジターが言ってくれることを期待したのですが、見事撃沈。

「もちろん、そんな特別なものだったらいくらでも待つよ！」という返事に、オフィスのデスクに頭をがんがんとぶつけたくなりました。

結局、作ることはできても海外用の配線の問題が残るということで、形だけ作ってもらい、中の配線を現地で、というところに落ち着きました。現地までの国際便の手配を終えると、実に3ヶ月以上が経っていました。

通常の仕事をしながらでしたので、正直に言えば疲れました。けれど、やり終えた後の満足感に加えて、その間に学び覚えたことが、後からいろいろな場面で役に立ちました。「どんなことでも、やってみれば何とかなる」ということも実感できたのです。

面倒くさいこと、難しいことは避けがちですが、**「やったらやっただけ」必ず自分の財産になります。**チャンスがあれば、ぜひ挑戦してみて下さい。達成したときの高揚感は、きっと仕事人生のプラスになるはずです。

□面倒なことを避けずに挑戦することで、自分の仕事の幅が広がり財産となる

MISSION

4

トラブルはチャンス、すみやかにリカバリーせよ！

01

原状回復

上司や仕事相手が満足する「リカバリー力」を鍛える

どんなに気を付けていたとしても、ときには失敗してしまうことがあります。

そのときとても大切なのが「リカバリーする力」。リカバリーするということは、「原状回復する」ということです。

つまり、問題が起きたり失敗をしてしまったときに、いかにそれを修復できるか、というのが「リカバリー力」。人生を順風満帆で渡ってきたエリートが、挫折を経験した途端、立ち上がれなくなるほどのダメージを受ける……なんて話を聞いたことありませんか？

こちらからすると、「え？　あれくらいでそこまでダメージを受けなくても……」と思えることが、挫折を味わったことのない人には、この世の終わりくらいのインパクト。そのまま、「さようなら」になってしまうことも、決して少なくはありません。

その理由は、**プラスをプラスに持っていくよりも、マイナスをプラスにするほうが、その何倍も、いえ、何十倍もエネルギーがいる**からなのです。

でも、リカバリーができるようになれば、自然と質が高い仕事もできるようになります。何故なら、原状回復が得意になれば、どんな問題が起きたとしても、乗り切れるからです。その結果、途中でどのような山あり谷ありの道を通ったとしても、最後に残るのは完璧な仕事です。

ですから問題が起きたり失敗してしまったら、落ち込む前に「原状を回復するチャンス」と思って下さい。絶体絶命だったはずの状態が、そう頭を切り替えるだけで、評価アップにつながることだってあるのです。

「上司や相手が満足してくれる」が、成功基準です。問題や失敗はあった、けれど、自分が工夫して「原状回復」したことで、何とか相手が満足してくれる結果になった。これが、「リカバリーする力」です。周りは最終的な仕事はもちろん、問題を乗り越えて成功させたあなたの仕事への姿勢を評価することでしょう。

一回リカバリーを経験すれば、確実にひと回り大きくなります。問題や失敗から逃げずに立ち向かって解決してみること。絶対に損はありません。

□問題発生やピンチは、仕事だけでなく人としての評価を上げるきっかけとなる

02

ピンチ

トラブルというピンチを、工夫してチャンスに変える

トラブルを起こしたら、自分への信頼が即なくなってしまう。そんな風に思っている人は少なくないと思います。けれどそのピンチを、上司との間に特別な関係を作る起死回生のチャンスに変えることもできるのです。ここではそんな例をお話ししましょう。

Wさんは、急に外出の予定が入った上司の代わりに、午後2時までに取引先の注文を発注することになっていました。そのときまでに発注しなければ、期日での納品が間に合わないからです。ところが予期せぬハプニングが起こり、その対応に追われてWさんの頭からは取引先の注文の件がすっぽり抜け落ちてしまったのです。

夕方になって、外出先から上司が電話をしてきました。「発注は問題なかったか？」。そ

の瞬間、Wさんには自分の身体から血の気が引いた音が本当に聞こえたそうです。「もうクビになる！」、状況を把握して電話の向こうで怒鳴りつける上司の声を聞きながら、Wさんは頭を抱えました。目の前が真っ暗になり、上司が電話を切った後もしばらく呆然としてしまったのです。

けれどそのうちに、むくむくとこんな思いが湧いてきたのです。「どうせクビになるんだったらやるだけやってみよう」と。その瞬間、Wさんの「やる気スイッチ」がオンになりました。

まず受注担当者に電話をして、何とか今日中に発注させてもらえないか尋ねましたが、「決まりですから」と取りつく島もありません。ねばりましたが、最後には電話を切られてしまいました。

Wさんはそのままタクシーに飛び乗り、受注担当部署があるオフィスへ駆けつけ、部の責任者に直談判を試みたのです。事情を説明し、今回だけはお願いできないかと頼んだのですが、却ってその上司にもお説教される始末。「同じ会社のピンチなのに」と、内心腹が立ったそうですが、深々と頭を下げて外に出ました。「絶対に手があるはずだ」とWさんはすぐに次の可能性を考え始めたのです。そして何かがあったときのために、皆が商品を少し多めに発注するようにしていることを思い出したWさんは、帰りのタクシーの中から、同僚や他の支店に電話をかけ始めました。オフィスについてからも電話をかけ続け、その結果、余っているものを回してくれるところをいくつか押さえられたのです。そして最後のほうになって、なんと急なキャンセルで返品手続き中の部署が見つかりました。

面倒な手続きはありましたが、そんなことはそのときのWさんにとっては些細な問題でした。そして無事に取引先の発注分を確保したWさんに、上司が意外なことを言ったのです。

「よくやった」

次回こんなことをやったら、そのときは絶対にクビだからな！　そう言って笑いながらも上司は満足していたのです。**普段、真面目だけれど地味なWさんに、こんな行動力と機転が備わっていることが分かった上司は、それ以降、彼に一目置き始めた**そうです。

ピンチの場面で、Wさんはベストを尽くして事態を収拾できた上に、上司との関係があきらかに良い方向へ変わったのです。

このように、**ピンチをチャンスに変えられるかは、どんなときでも自分次第**。発想を豊かにすることで、そして開き直ることで、可能性を限りなく広げていけるわけです。もちろん最初からトラブルを起こさないのが一番ですが、たとえ自分が気を付けていても、周囲や同じチームの仲間が小さなミスをしてしまう可能性だってあります。そんなときには、状況をチャンスに変えることを思い出してみて下さい。

□ピンチをチャンスと捉えれば逆に評価されることも

03

相手への配慮

リカバリー中は、「相手の感情」も気にかける

リカバリーをするときの注意点についてお話ししたいと思います。

起こってしまったトラブルの原状回復をするときには、**常に「問題そのもの」と「相手の感情」に最大限の注意を払って下さい。**

「問題そのもの」への注意というのは、いかに原状に近い形まで事態を回復させられるかということです。あらゆる角度から、考えに壁を設けずに検討します。パニックになると視野が狭くなりがちなので、必ず冷静になって落ち着くことが鍵です。

そして「相手の感情」への注意。これには、上司でもお客様でも必ず気を付けなくてはいけないことがあります。

1．謝罪後は、「どうやって」「どれくらいの時間で」原状回復をする予定かを説明する

2．実際に行動を始めたら、メールや電話で密に報告をする

3．「結果」を出したら相手の反応を確認し、再度謝罪をする

1番ですが、相手に対して深く謝罪をした後は、すぐに頭を切り替えて、「災害復旧モード」に入ります。全体像を眺めて、自分がどんな行動をするのか、どれくらいの時間を見込んでいるのかを説明するのです。

2番に関しては特に注意を払う必要があります。自分は必死に原状回復をしているので、時間がものすごい勢いで過ぎていくのですが、待たされているほうにとっては、5分すらも長く感じるからです。ましてや30分、1時間と待たされていると、状況が分からないために更にイライラが募ってくるのです。そうなったらもう大変。ただでさえ失敗やトラブルでヒートアップしている怒りが倍増してしまいます。ですからそれを避けるために、必ず綿密な報告を心がけましょう。「今こういう状況です。予定通り、あと1時間くらいでまとまった結果をご報告できると思います」。このような感じで、報告して下さい。報告をしていれば、あとはリカバリーに集中できるのです。

最後に3番目、私たちは問題が起きるとそのことばかりに集中してしまい、相手への意識が疎《おろそ》かになりがちです。**相手に対しては、リカバリーが完了して成果が出た時点で改めてきちんと謝罪**しましょう。これができるとできないでは、大いに差がつくのです。

□問題に向き合いつつ、並行して相手への配慮を忘れないように

04
失敗

大切なのは、後悔よりも「振り返り」だと肝に銘じる

失敗をしたときのあの嫌な感じ。いつまで経っても慣れない感情の一つですね。その瞬間、恐らく最初に頭に浮かぶのは後悔でしょう。

「何であのとき、あんなことを……」と自分責めが始まります。けれども、ここは、もうあきらめて下さい。いくら後悔したところで、もうそれは起きてしまったこと。タイムマシンでもない限り、目の前の結果は取り戻せません。ですから、まずは起きてしまった「失敗をどうにかする」ことが、あなたの最重要事項になります。

反省会は自分のための時間、今すべきは会社のための時間に集中すること。自分ができるすべての手段を駆使して、状況を好転させて下さい。

原状回復を何とかやり遂げたら、ここで初めて自分のための反省会を始める時間がやってきます。反省会といっても後悔やただ落ち込むだけでは、悲劇の主人公になってしまいます。そうすると、出口が見えなくなってしまうので、百害あって一利なしです。

あなたの時間は、ただでさえとても貴重なのですから、もっと有効なことに使うのはどうでしょう。つまり**後悔ではなく、「振り返り」**。自分を哀れむというマイナスな感情を排除して、冷静に状況を分析するのです。何が起きたのか、どうしてそうなったのかを考えましょう。それが絶対に自分のためになる反省会なのです。

「でもやっぱり、どうしても落ち込みたい」……というのであれば、時間を区切って落ち込んでみて下さい。「今から30分だけ落ち込むのを許す！」と自分に宣言して、思う存分に！

私も落ち込む時間を作ることがありました。とことん、思い切り落ち込んで、どん底まで沈んで行きます。もうこれより下はない、というところまで行くとあきらめがつき、あとは「しょうがないな」と口に出して、思い切り地面を蹴って上がってくるのです。

最後は必ず、きちんと失敗を取り戻して回復させた自分を褒めてあげて下さい。終わりをプラスで閉じれば、反省会も落ち込みも、かなり意味のあるものになります。

□自分で反省会をするときは、必ず最後をプラスで終わらせよう

05

失敗した後

失敗を分析して学ぶことで、次の成功につなげる

「失敗は学びのチャンス」、そう心から思えるようになれば、飛躍的な進歩が見込めます。

ある会社で、「失敗をしないのは、今まで山ほど失敗をして学んできたから」が口癖の上司がいました。失敗するたびに、一瞬自分に「ふざけるなよ！」と文句を言った後は、二度と同じ間違いは許さないぞとハッパをかけてきたのだそうです。失敗は決して良いことではないと認めながらも、それは、学びと成長のための絶好のチャンスだと言うのです。

誰もが大なり小なりミスは犯してしまうもの。けれど、それを**「どう扱うか」で自分の今後が決まってきます。**この上司は厳しいことで有名だったのですが、ミスを犯した部下を叱った後には、いつもこう言っていました。

「失敗を続けたらただのバカ、失敗で学べるヤツは出世する」。「バカ」と「出世」とは

……あまりの差にびっくりしてしまいますが、彼の話はとても正しいと思います。

まずは冷静に状況を分析し、何が起きて、自分がどういう理由で失敗をしたかという「原因究明」から始めましょう。この前の項で説明した反省会ですね。

その次に、ではどうしたらそのミスを防げたのか、と考えてみることで改善点や今後やるべきことが分かってきます。こればかりは、誰かから言葉で説明されて分かるものではありません。

失敗したときに必要なのは、「あのときこうしていたら」「もっと気を付けていればば」などの、「たられば」ではありません。

「こうやって失敗したから、ここに気を付けよう、これも変えられる」などの、「学び」のみです。せっかく痛い思いをしたのですから、落ち込んでいるだけではもったいない！　そこから学んでしまいましょう。**分析をして学べば学ぶほど、あなたは賢くなります。**

そして失敗をすると、つい怖がりになってチャレンジに対して臆病になりますが、それでは今までの努力も後退してしまいます。自らの成長をそこで止めてしまうことになるのです。どんなときにでも、思い切って突っ込んでいきましょう。

私たちは**「失敗から学べる」からこそ、成長します。失敗が次の成功を生み出す**と言っても過言ではありません。

□ミスを「成長のチャンス」にできるかはあなたの気持ち次第

06

パニック

仕事に「想定外」はない。何が起きても冷静になれる訓練を！

予想外の事態に直面したときの行動で、結果に天と地ほどの差が出てくることを知っていますか？　ショックを受けたり、驚きのあまり固まってしまうのは皆一緒、それは人間の通常のリアクションです。一番大切なのは、「その後」の行動なのです。

慌てて冷静さを失った瞬間に、最悪の事態への道をまっしぐら。ショックを受けている「今」の10倍はひどい状態になってしまいます。

それではどうするのがよいのでしょう。

1．ショックを受けたときほど、「まず冷静」になれるよう、自分をコントロールする

2．「どうしよう」ではなく、「何ができる」に全神経を集中させる

3．事態収拾を図るまで、「絶対に」あきらめない

これを実行に移すには、普段からの練習がものを言います。よく、「想定外だった」という発言を耳にしますが、これがそもそもの間違いなのです。毎日が「想定内」のことだけで過ぎていってくれるのならば、何も問題は起こらないからです。

けれど現実には、自然災害や株の暴落など「想定外」のことはいくらでも存在します。「想定外だったから」と言うのは、どんな立場の人にとっても言い訳にならないのです。社会人ならば、普段からあらゆるリスクを考えて、「想定外」を「想定内」にしておく必要があります。

ですが万が一ミスをしてしまったら、パニックでミスの連鎖が始まってしまう前に、**その流れは自分の意思で止められる**ということを思い出して下さい。

そんなときは、目の前で大惨事が起こっていようと、「大丈夫」と自分に暗示をかけましょう。声を出すことで自らを落ち着かせて冷静になれば、自分をパニックから取り戻せるのです。

私は上司が出張のときは、いつも彼らが乗る飛行機の前後の便のスケジュールや空き状況を把握しておくようにしました。現地のホテルのバックアップも同じです。そうすれば飛行機に乗り遅れたり、直前の変更や急なホテルの変更希望があっても、すぐに対応できるからです。

あるとき、搭乗直前まで皆にワガママを言い続けていた上司が乗った飛行機が、落雷のため急きょ北海道に着陸することになってしまいました。

怒りをどこにぶつけてよいか分からない上司が、かんかんになって電話をしてきたときには思わず、「ワガママばっかり言っているから!」と言ってしまいたい衝動にかられたものです。さすがに北海道まで飛んでいってしまうことは想像していなかったものの、このときも予め到着後の予定をいつでも変更できるよう「想定内」にしてあったことで、ダメージもなく済んだのです。

予想外のことが起きても、普段から「何が起きても大丈夫な対応」を用意してあれば、すぐに次の行動に取りかかれます。そして、あなたをハプニングから救ってくれる知恵が、きちんと生まれるようになるのです。

□普段からの、冷静さを失わないトレーニングが危機脱出の手段になる

07

リスクヘッジ

「万が一」のためのシナリオ作りを習慣にする

仕事をしていると、リスクヘッジの重要性を痛感することがあります。どんなに大丈夫と思っても、「万が一」という事態があるからです。

けれど、予めきちんと起こり得るリスクの回避や軽減を考えて手を打ってあれば、大抵のトラブルに対処することができるようになります。

Kさんというシステム部のマネージャーの話をしましょう。

彼は、他社にいる優秀だと評判のエンジニアに、自分の会社へ来てもらえるよう交渉していました。先方も乗り気で、給料や雇用条件の詳細にも同意、明日はいよいよ雇用契約書にサインをする日でした。ここまで、とんとんと話が進んだのです。

けれど、実は以前から、ライバル会社もこの人を狙っていてアプローチをしている、という噂を聞いていたKさんは、ふと心配になりました。

「万が一、ライバル会社がより良い条件を提示していて、彼が最後の最後にうちとの契約を渋ったらどうしよう……」。そう思ったKさんは、予め上司と人事部に相談をして、「万が一」のためにここまでなら給料を上乗せしてもよいという金額を取り付けていました。問題なくこのエンジニアが契約書にサインしてくれたら、使わないでいいお金です。

果たして約束の時間に現れた候補者が、

申し訳なさそうに口を開きました。

「実はもう1社からの条件がとても良く、気持ちが揺らいでいるので本日はサインができません」。悪い予感は的中しましたが、「万が一」のリスクヘッジをしてあったKさんは、すぐにトラブル対処に取りかかれたのです。まずライバル会社からのオファーの内容を確認し、同時に候補者に、金額以外でライバル会社に惹かれる理由があるかを尋ねました。すると幸いなことに、彼は「お給料の問題だけです」と答えたのです。そうなるとあとは行動あるのみ。

いったん席を外すと、上司に状況を報告します。前もって「金額が増える可能性」で承認を取ってあったので、あとは契約書を新しいものにし、上司のサインをもらうだけ。それを持って会議室に戻ったKさんは、ライバル会社も狙っていたこのエンジニアを無事に雇うことができたのです。

Kさんは先に「リスク用のシナリオ」を考えておいたおかげで、リスクを回避することができました。その結果、彼のみならず、上司、会社のためにも有益な人材を確保できたのです。

これはただの一例です。これよりも小さいこと、大きいこと、あらゆる出来事やトラブル対処に、この**「前もってのリスク回避用シナリオ」作りは驚くほど効果があります。**

手持ちのシナリオが多ければ多いほど、リスク回避・軽減率が上がります。トラブルに直面したときに、ドラえもんのポケットのように、「なんでも」案が出てくるのが理想的です。

□普段からいくつものシナリオを作ることで、トラブル対処の名人に

08

働き方

「考えるのを止めて」動くことで、新たな方法を見つける

デキる上司ほど部下に望むのが、「能動的な働き方」です。つまり、**何か言われたら動くという指示待ち態勢ではなく、自らの意思で頭を巡らせ、積極的に動いて欲しい**ということです。受け身の仕事をする人は歓迎されません。

けれど、お話ししてきた通り、一方通行の教育スタイルで育ってきた私たちにとっては、自ら意識してこの部分を変えようと思わない限り、これはなかなか難しいことなのです。

私たちは考える生き物ですから、意識していなくてもいろいろなことが頭に浮かんできます。「指示が出てないのにこんなことをしたら、余計なことと怒られないだろうか」「せっかく発言しても、的外れだったら恥ずかしい」「万が一、失敗したら二度手間になる。

だったら黙って受け身でいるほうが面倒くさくない」……、こんな考えが、あなたの行動を制限し、結果、上司の求める新しいアイディアを提供したり、自らの意思を持って働くことができなくなってしまうのです。

社会人になってからは、どんなに若くても経験がなくても、皆一人ずつが責任を持っています。リーダーとしての上司の命令は絶対ですが、それでも与えられた仕事をこなしていくには、自分のアイディアを捨てるなんてもったいない。

少しでも自分の頭に能動的に動くことを止めるような考えが浮かんできたら、思い切って考えるのを止めてみて下さい。

それでは、どこから始めるのがよいでしょう。**まずは、指示を待っている自分に気付いたら、待つ代わりに今の自分にできることを見つけるように意識します**。そして、考えても方法や結果が出てこないことや、自分のせっかくのアイディアに水をさすような考えが浮かんだら、考えるのを止めるよう自分に指示しながら、とにかく動いてみるのです。

あなたが動き出せば、それに連動して周囲に動きが出てきます。考えたいのならば、今できることをやりながら考えればいいのです。何もせず、ただ考えているのは時間の無駄ですし、ほとんどの場合は有効な結果には結びつきません。**行動あるのみ。考えるのはそれから**です。受け身の仕事から、能動的な仕事を目指せば、面白いように仕事の変化を体験できます。

□迷ったらとにかく「動いてみる」と、その先の仕事が見えてくる

09

表情

感情をコントロールして「ポーカーフェイス」を保つ

仕事をする上で大切なことの一つに「表情」があります。自身の感情は無視して、その場の状況に応じた最適な表情を作れる人は、往々にして仕事ができる人です。

嬉しい顔と怒った顔、この二つは案外簡単です。けれど、残りの微妙な表情については、相手に失礼になるからとためらったり、感情を出すのはプロではないと言われてきたせいで、使える人があまり多くないのではないでしょうか。

けれど、「目は口ほどに物を言い」という言葉と同じ、**口で言うのがはばかられる場合でも、目や表情で意思を伝えることはできます。**

少し練習が必要ですが、恥ずかしがらずにどうか鏡の前で試してみて下さい。いろいろな場面を想定し、それに沿った表情を作るのです。

物を言えないときでも相手に察して欲しいことがあったり、相手の気持ちに沿って話をするときに、この「表情」は有益です。眉一つで不満や怒りを伝えることも可能なのです。

そして数ある表情の中でも特にお勧めなのは、「ポーカーフェイス」です。

「ポーカーフェイス」と聞くと、逆に表情がなく何を考えているか分からない人を想像する方が多いかと思います。けれど使いようによっては最強の武器になる、立派な「表情」の一つなのです。

これを使いこなせる人は、周囲からときとして扱いにくいと思われますが、だからといって嫌われたり、煙たがられるわけではありません。ポーカーフェイスの代表的なメリットをご紹介しましょう。

1．機密事項の保全や、情報収集の際に役立つ
2．どんなものを見ても「なかったこと」にできるので、トラブルを回避できる
3．パワハラ等のいじめや脅しの際、反応がないことで相手からの攻撃が弱まる

つまり、あらゆる場面で自分を守ることができるということです。

秘書は往々にしてポーカーフェイスが得意です。逆にそうでないと仕事が務まらないからです。日々接する機密事項や、上司のための情報収集を前に、いちいち感情を表していたら仕事になりません。ときには知らないふりをしたり、未熟な秘書を演じることも必要になってきます。ですがポーカーフェイスができれば、余計な詮索をされることも、特定の社内派閥に巻き込まれることもありません。

加えて、**ポーカーフェイスを保つには、自然と自分の感情をコントロールする技術が求められます**。どんなに怒っていても、跳び上がりたいくらい嬉しかったとしても、すべての感情を抑え込み、淡々とした表情でいるためです。

感情のコントロールができるようになれば、仕事へ絶対的なプラスとなります。

□ポーカーフェイスを身につければ、日々の仕事がやりやすくなる

MISSION

5

レベルアップするための思考法を身につけよ！

01

交渉

交渉のときは、相手から目を逸らさない

あなたが最近、交渉したのはいつですか？　一口に「交渉」と言っても、内容は様々。お客様との商談や社内調整での交渉がまず頭に浮かぶと思いますが、実は他にもいろいろあります。

査定のときに自分のことを上司に説明したり、今後やりたいことを伝えるのも交渉。もっと簡単なところでは、他部署とのやりとりや、会議の時間を決めるのも、交渉です。それだけではありません。例えば、電車の中で、二つの席にまたがって座っている人に「すみません、詰めてもらえますか？」と頼むのだって、立派な交渉なのです。

仕事場でもプライベートでも、毎日のようにあちらこちらに転がっている、この交渉についいて、お伝えしたいことがあります。

まずは交渉上手で知られていた、元同僚のCさんの話から始めましょう。

Cさんは、どんな不利な状況でも、最後は必ず勝つほどの交渉上手で有名でした。絶体絶命の状態から、一体何度彼は逆転勝利を奪ったことでしょう。そんな彼がいつも口にするのは、「交渉は、最初の瞬間に決まっちゃうんだ」の一言でした。

流れを自分に引き寄せるために、彼が気を付けているのはとてもシンプルなこと。

「相手の目を見つめる」ただそれだけなんだそうです。

そしてもう一つ。「自分からは絶対に目

を逸らさない。逸らしたら僕の負け！　って思ってるんだよ」。

言うならば、散歩の途中でヘビに出会ってしまったカエルの様相です。一瞬の気の緩みが生死を分ける、あの瞬間。目を逸らしたほうの負けです。だから絶対に目を逸らしてはいけないのです。決してガンを飛ばすのではありません。あなたは交渉に来たのであって、宣戦布告しているわけではないのですから。できれば、**柔和な顔を作って自信がなくとも堂々としてみましょう。**

イメージとしては「アルカイックスマイル」を想像してみて下さい。アルカイックスマイルというのは、**感情を抑えつつも口元に笑みをたたえたような表情**のことを言います。それを意識した上で、**最初の10秒は相手から目を逸らさないで下さい**。しつこいようですが、凝視はしないように。あくまでも、相手の目を見て逸らさないのがポイントです。最初は慣れるまで少し練習が必要かもしれません。その場合は、身近な人に仕掛けてみましょう。同僚でも友達でも家族でも、そこら中に練習相手は存在します。

実は、これには二つの効果があるのです。**一つ目は、じっと相手の目を見ることで、自分には自信があり、何事にも動じないという印象を与えられること。**

二つ目は、人は往々にして5秒以上見つめられると居心地が悪くなり、そわそわしたり、動揺したりする傾向にあること。つまり、**相手の冷静さに揺さぶりをかけられる**のです。

そしてこれはオマケの話。相手を見つめた後の交渉時に、ダメもとで自分の希望を言ってみると、思わぬ結果が得られます。無理だろうなあ、とあきらめる前に、言うだけ言ってみる。言ってみてダメなら、「やっぱりね。でも言ったから後悔ないや」と引き下がる。言ってみて、もし願いが叶ったら、「やった！　勇気を出して言ってみてよかった！」。そういうことです。

どちらにしても、言ってみなくては、結果は分からないというのが交渉の醍醐味です。どうせ交渉するなら楽しんでチャレンジしてみて下さい。

□交渉は話し出す前から始まっている。挨拶の後は相手の目を見つめてリードを奪おう

02

仕事への姿勢

新しいアイディアを頭から否定するのは止める

せっかく新しいアイディアを提案しても、いろいろな理由をつけて却下する上司がいます。それは否定することが、自分のための安全策になるからです。失敗をしたら自分の責任になるのを避けるために最初から守りに入っているのです。

けれどそうやって小さくまとまっている人が、上司でも部下でも良い仕事ができるわけがありません。何故なら、ほんの少しでも面倒なことが起きそうな事例はすべて拒否しているので、つまらない仕事しかしない社員ということになるからです。

つまらない仕事ぶりの社員は当然会社での出世も見込めません。つまり、こういったタイプは自らの行動で自分の将来までも否定していることになっているのですね。今の仕事で出世したいと思う方、もしくは安定した仕事があればそこまで上に行かなくても……、

と思っている方、今これを読んで下さっている方の中にはいろんな考えがあると思います。

けれど、どなたも「自分の将来なんてどうでもいい」とは思っていないのではないでしょうか。

今日からすぐ、否定から入る安全策に逃げ込むのは止めましょう。上司がやっているからと、自分までそこに巻き込まれる必要はありません。

上司が新しいアイディアを否定するスタイルの人であるなら、その上司でも安全と思えるような、アイディアと説得力で臨めばいいのです。

そのための工夫をする過程によって、中身の濃い充実した提案に発展していくだけでなく、「ただ仕事をする」から、「工夫をして仕事をする」姿勢に変わってきます。

否定したらすべての流れが止まります。

安全策による自己保身に必死な人を見かけたら、自分の反面教師として興味を持って観察しましょう。良い勉強になるはずです。

ぜひ自分の将来は自らの力で肯定していく意識を持って下さい。

□否定して安全策をとるのは簡単だが、そこから新しいことは生まれない

03

情報収集

仕事に役立つ「見ザル・言わザル・聞かザル」を身につける

私の仕事でのモットーの一つに「見ザル・言わザル・聞かザル」があります。日光の三猿が有名なので、日本固有のものという印象があるのですが、実はこれ、古来世界中にあるものなのです。サルに限らずいろいろな動物や天使が、この「見ない・聞かない・言わない」のポーズをしています。

さて、このポーズの解釈は「他人のことや都合の悪いことは、見ない言わない聞かない」だと思いますが、私は少しアレンジを加えて、このように考えています。

1. 見ザル：余すところなく見た結果、不必要なものは「見なかったフリ」をする

2. 言わザル：どんなに重要なことを知っていても、状況を正しく判断して不必要なこ

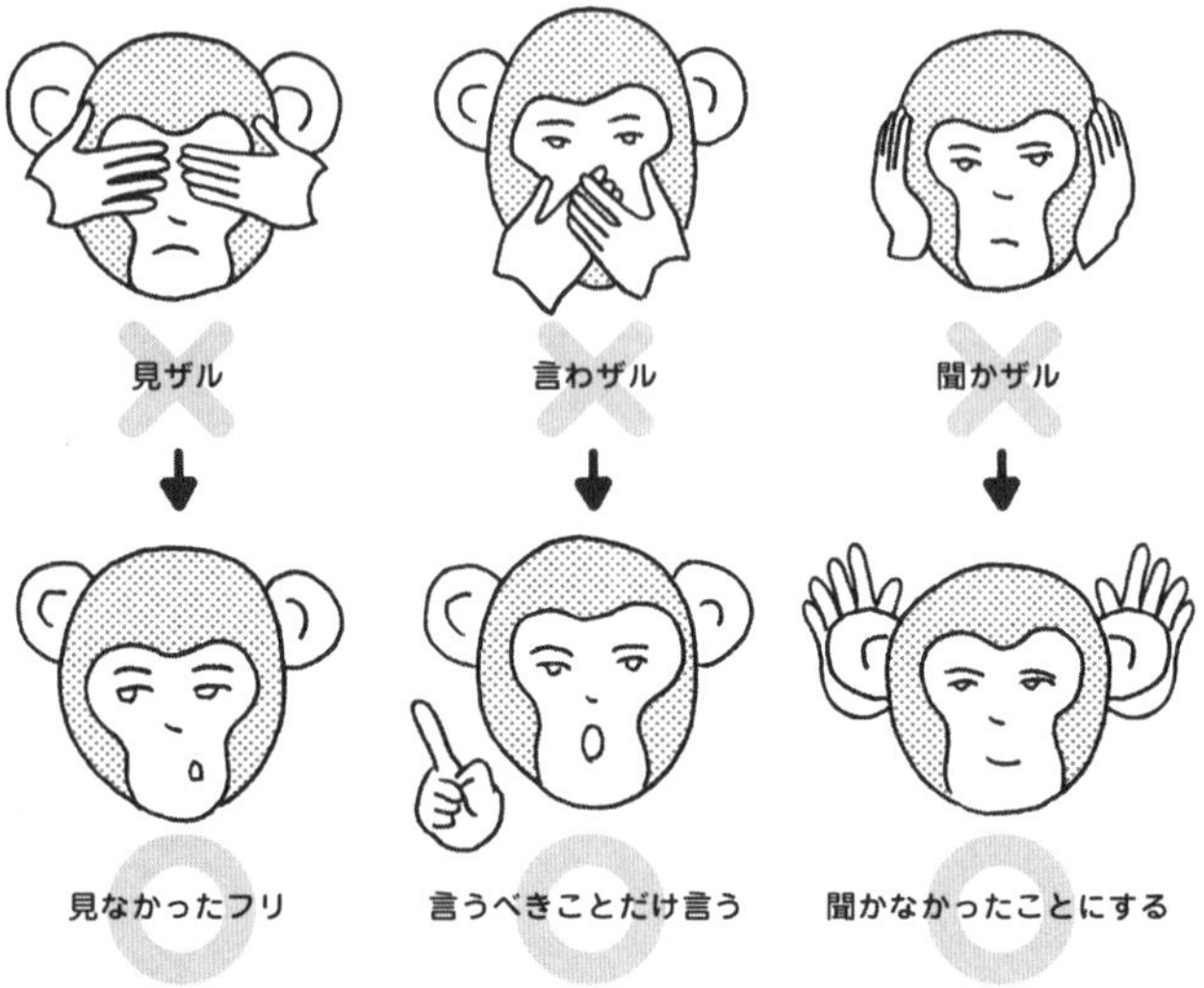

とは一切「言わない」

3．聞かザル：社内外問わず、情報もゴシップもすべて耳に入れ、その上で「聞かなかったこと」にする

いかがでしょうか。文字通り「見ない言わない聞かない」のではなく、**情報に優劣をつけずすべてを見て聞いた上で、自分に必要なものと不必要なものに仕分けすること。**

そして、ただ言わないのではなく、状況に応じて「言うべきこと、言わないこと」を判断する、それが仕事に役立つ、「見ザル・言わザル・聞かザル」だと思います。

情報は多ければ多いほど、自分を助けてくれます。直接仕事に関わるものだけでなく、何気ないおしゃべりや噂の中にも、いろいろな情報が隠れているのです。

それにこの「三猿」を当てはめて、自分でコントロールすることは、どんな会社、どんな上司の下ででも通用する、究極の仕事術になります。

働き始めて間もない頃に人間関係の洗礼を受けた私は、それ以来どこの会社へ行くときも机の上に置ける小さな「三猿」を持って転職しました。そんな小さなものですが、毎日視界に入るだけで、とても良い戒めとなって何度も助けてもらいました。

□「三猿」に学ぶ処世術、実行すればあらゆる仕事の場面で助けてくれる

04

リスク

自分の成長のために、リスクを取ることを恐れない

「リスクを取る」という言葉は、自分以外の、とてつもなく仕事ができる一部の人のためにあると思っている方は少なくないと思います。

何もない平穏な毎日を送りたいのに、リスクなんてとんでもない、そう考えるのは普通のことですね。

けれど、ここではそんなあなたに、あえてリスクを取る重要性をお話ししたいと思います。

リスクは自分の限界を広げてくれます。つまり、今いる自分の世界を少しずつ大きくしていってくれるのです。もちろん、傷ができたり、痛みを伴ったりするかもしれません。

けれど今いるところで、毎日同じ仕事をしているのでは、何も変わらず、何の成長もないということになりますね。

そのうちに自分の部署がなくなったり、新しく入ってきた人に仕事を奪われるかもしれません。最悪の場合、会社自体がなくなってしまうことだってあり得るのです。

けれど**大小問わず、リスクを取ることを恐れないでいれば、毎日少しずつでも自分が成長していきます。その小さくとも地道な学びが、あなたの未来を決めていく**のです。

Aさんの部署には、「使えない」と思わ

れている新人がいました。一つずつ考え込んで仕事をするので時間がかかる上に、質問ばかりするのでうっとうしいと思われていたのです。けれどAさんが見ていると、与えられた仕事をただこなすだけでなく、仕事の意味を考えたり、やり方を工夫しているがために時間がかかっているように思えました。

そんな彼を観察しながら、Aさんはふと、「質問するのも仕事に興味があるからでは？」と考えたのです。彼を指導していた自分の同期がサジを投げたため、Aさんは上司に、この新人を自分の下に付けて欲しいと頼みました。上司は驚いて、「あいつは君の足を引っ張るからやめておけ」と言ったのですが、Aさんは自分の直感を信じてリスクを取ることにしたのです。

失敗すれば自分の時間が無駄になるだけでなく、上司の言う通り、日々の仕事で足を引っ張られることになり、大きな負担になります。新人がしでかしたことへの責任も取らねばなりません。けれど、あえて挑戦してみたいと思ったのでした。

もちろん最初からうまくいくはずはなく、Aさん自身も何度か自分の判断を疑いかけたそうです。けれど3ヶ月が経つ前に、少しずつ結果が出始めました。この新人は、知りたい、学びたいという欲が非常に強い社員だったのです。まるで掃除機のように、あらゆることを吸収していきます。彼の質問グセもそのためだったのです。それを理解したAさんは、この新人には情報収集と分析をするアナリストが向いているのではないかと思ったのです。

自分の取引先や顧客に関する情報分析を任せてみると、びっくりするほどの良い出来でした。それをもとにプレゼンテーション資料を作ってもらうと、非常に質の高いものができてきたのです。Aさんの褒め言葉に、この新人も嬉しそうでした。

以来、自分の仕事以外にも、上司や部署全体の仕事をこの新人に担当させる方向で話を進めていったAさんは、仕事の効率化を実現させただけではなく、マネージャーとしての高評価も与えられました。

新人のおかげで、今まで手が回っていなかった広範囲での、細部にわたる情報まで入手できるようになり、まとめられる案件もぐっと増えたからです。

リスクを取るか取らないか。それは個人の自由です。けれどあえて取ってみることで、自分の未来を自分自身で決めることができます。

失敗したらそれは学びに、成功すれば確実な実績と自信になるのです。

□リスク取ることによって、自分で自分の未来を決められる

05

上司からの質問

「~だと思います」という曖昧な返事は禁止する

上司に質問をされたとき、何も言わなければ怒られるからと、中途半端で曖昧な返事をする人がいます。結果、「分からないんだったらいい加減なことを言うな」と更に叱責されるか、もしくは答えた内容について質問攻撃が来るのがオチです。

知らなければ「知らない、分からない」と答えるのが正しいのです。もちろん怒られるかもしれません。でもそれも言い方と、その後の行動によって、上司の態度がまったく違ってきます。ただ知らない、というのではなく、こんな答えを心がけて下さい。

「申し訳ございません、きちんとお答えしたいので〇分お時間をいただけますでしょうか」

これは「すぐに答えられないことへの謝罪」＋「すぐに行動して答えを持ってくる意思

表示」ということです。上司に限らずどんな相手に対しても、中途半端で曖昧なことを言うほど、プロとして情けないことはありません。

上司も部下が100%知っているとは思ってはいないのです。ですから、質問をするということは、**答えを期待する以外に、「今答えられないのならば『すぐ』に調べて報告するように」という相手への要求が入っているものと思って下さい。**

私は、上司の一人によくオフィスから追い出されました。ついクセで「~だと思います」という言葉を発したが最後、「私の貴重な時間を、断定もできない話し方で無駄にするな！　出ていけ！」となったのです。

その上司のおかげですっかり訓練された私は、それ以来、どんな場面でも曖昧な話し方を自分に一切禁止することができました。後についた上司から、その点を褒められたときには、心の中で前の上司に手を合わせたものです。


一瞬でも「とりあえず何か発言してごまかせれば……」という誘惑にかられそうになったら、きっちりそれを否定して、知らないことを認めましょう。

知らないのは罪ではありません。自分が知らない事実を認めた上で「きちんと調べて、知らない範囲を減らす」ことが重要なのです。

□今答えられないならば、余計なことを言わずにすぐに調べに行く

06

仲間

あえて「違う」人とつるんでアイディアを広げる

仕事をしていると、つい同じ仲間とばかりいることになります。もちろん異動によって勤務先やチームが変わればその都度変化はありますが、またそこでしばらく働いていると、自分が居心地のよい、いつも同じ仲間が世界のすべてになってしまいます。

そんな方へは、あえて自分とは違う人との交流をお勧めします。

理由は簡単です。**自分と同じ部署で似たような仕事をしている人といるのは、居心地はよいのですが、その結果、考えることや方向が同じになってしまうからです。**

そうすると自分の中に新しい風が吹かなくなり、周りの空気が停滞してしまうだけでなく、新しいアイディアが芽生える可能性も下がってしまいます。

まずは別の部署の人たちとの交流から始めるのはどうでしょうか。同じ会社にいるので一番手軽にできますね。その部署の仕事内容を尋ねてみたり、どんな上司がいて、その人からどんなことを学べるのか教えてもらいましょう。「つるむ」のには、上も下も関係ありません。上司、同僚、部下や年下の社員、もちろん性別も関係なしに、あらゆる方向に注意を向けて下さい。

それに慣れたら少し範囲を広げて、社外の人とも同じことをしてみましょう。

あなたのいる会社が海外とのお付き合いがあったり、海外支店を持っているところであれば、そこに国の違う人とつるんでみる、という選択肢も加わります。

海外での仕事の仕方や、日本に対する考え方など、自分のためになる情報をたくさん得られるはずです。

そうやって、生きた情報を入手することは、お金では買えないとても重要な宝物になります。そこから新しいアイディアや、仕事に役立つことがたくさん生まれてくるからです。

仕事をしている上での一番の落とし穴は、視野と世界が狭まるということです。何故なら画期的なアイディアや、ピンチを救う妙案が生まれるチャンスが失われるからです。

□自分の周り以外の人と「つるむ」ことで、仕事の可能性や世界を広げることができる

07

人脈形成

社内外問わず、普段からの挨拶や声かけで人との「つながり」を築く

「コネクションの大切さ」という言葉をよく耳にしますね。でもどうやってコネクションを広げるかが分からない、という相談も多く受けます。カタカナで「コネクション」と書くと、何かとてつもない難しいことのような気がしますが、その意味は「つながり」です。つまり、人とのつながり、なのです。

それは、**何も偉い人や利用価値がある人とのコネクションだけが大事なわけではありません。** こんな例をご紹介しましょう。

Yさんは困っている人を見ると、助けずにはいられない人でした。ある日、昼に定食屋さんへ向かう途中、路上でうろうろしている女性を発見。どうしても気になって声をかけ

てしまいました。聞けばYさんの勤め先にいる人を訪ねる途中とのこと、Yさんは逆戻りして彼女をオフィスまで案内しました。

受付の人に後をくれぐれも宜しくと頼んでから、自分は時間がなくなったのでコンビニでお弁当を調達、会社に戻ったのです。そして午後の仕事に忙殺されて、その女性のこともすっかり頭から消えていました。

後になって分かったのですが、実はその女性、上級役員の奥様でした。その奥様は、Yさんが自分のためにわざわざオフィスまで戻ってくれたことにすっかり感激し、受付の女性にYさんの名前を尋ねて、旦那様に報告しました。その結果、Yさんは普段会話するチャンスもないような、偉い役員からお礼のメールをもらったのです。

その上級役員は、常々若手社員の育成を心がけている人でした。ひょんなことからYさんと話をした彼は、Yさんの仕事への考え方やアイディアに感心し、新しく始めたプロジェクトのメンバーに彼を引き抜くことにしたのです。こうやって、下心なく人を助ける＝人と関わりを持つことを躊躇しないYさんは、知らないうちにコネクションを作っていて、その恩恵を受けたのでした。

普段から人とのつながり、関わりを、尻込みせずに楽しんでみましょう。気負わずに挨拶から始めてみてはどうでしょう。社内外問わず、人を助けてみることから、思いもかけず、自分が助けられることになったりします。**コネクションは社交が得意な人だけのものではありません。誰にでも声かけする姿勢が、コネクション作りには役立つ**のです。

□まずは、挨拶から。気が付くとコネクションが増えているはず

08

異動・転職

やり尽くす前に逃げ出すと、次の場所で2倍、3倍も辛いと覚悟する

仕事が辛いから、人間関係に悩まされているからなど、会社を辞めたくなる理由はたくさんあります。もちろん精神を病んだり、体調が悪くなってまで無理に勤め続けるべきだとは思いません。むしろ、そういう場合は自分の力試しも兼ねて、より良い条件や自分に合う会社を見つけるのも一つの手です。

けれどその前に、ぜひお願いしたいことがあります。「逃げ出すのは最終手段」にしていただきたいのです。つまり、**会社や部署を移るのは、やれることすべてを試した後にしましょう**、ということです。その理由を説明します。

仕事も人間関係も限界、そういう事態が起きたとき、あなたはどんな行動を取ります

か？　逃げ出したい気持ちになるのは皆同じです。ですがあえてそこでどうにかしてそれに立ち向かい、精一杯の努力をして対処を試みていただきたいのです。

仕事であれば、アドバイスを頼み、やり方を変え、自分のしたことを見直し、間違いを正し、再度チャレンジをして下さい。そして人間関係であれば、相手の立場に立って全体像を見直し、関係を改善する努力をしてみて下さい。

自分のできることをすべてやったと、胸を張って言えるようであれば、異動願いや転職を考えてもまったく構いません。

ですが、**すべてやり尽くす前に安易な道**

を選ぶとなると、それは、ただの逃亡になります。努力なしの逃亡をすれば、そのときの災難が、必ず2倍、3倍となって後からまたあなたに降りかかってくるのです。

ある会社に、何人ものスタッフを病院送りにするおつぼね様がいました。彼女の下につくと相当な精神的イジメにあうのです。結果はほぼ全員が辞めていくことになったのですが、そのイジメへの対応には二通りのタイプがありました。

一つは、すぐに「こんなの耐えられない」と辞めるタイプ。そしてもう一つは、そんな中でも手を替え品を替え、自分がやれるところまで挑戦するタイプです。

どうせ最後は辞めることになるのですから同じだと思うかもしれません。けれど実は、辞めた後に大きな違いが出るのです。すぐに嫌だと逃げていったスタッフの多くが、その後に勤める会社で似たような体験をします。そしてそこからも逃げ出すため、会社を転々としていました。

一方、やるだけやったタイプのスタッフは、自分のベストを尽くして自信をつけてから辞めただけでなく、次に同じようなイジメにあっても、「前のおつぼね様の例があるから、これくらいは耐えられる」と前向きに対処ができたのです。

仕事場で起きることは、あなたへのお題です。そのお題と対峙《たいじ》し自分で何とかしてみる努力をしない限り、超えたことにはなりません。ゲームのステージと同じです。その画面をクリアしない限り、次のステージには進めませんね。だったら逃げずにクリアするために、あれこれ工夫をして、対処してみましょう。その努力は確実にあなたの実力となって、蓄積されていきます。

逃亡するのは最終手段、その前に自分ができることは全部やること。その場その場でお題をクリアしておかないと、次の場所でもっと辛い目にあってしまいます。

□逃げ出す前に、精一杯の対処を。その姿勢があなたを次のステージへ押し上げる

09

仕事への意識

気に入った仕事は、何が何でも手放さない

もし今あなたが、自分のしている仕事が好きだったり、やり甲斐があると思っているのであれば、絶対に手放さないで下さい。決して「抱え込め」と言っているわけではありません。**ただのラッキーで仕事が自分に降ってきたのではなくて、自分で努力をしてキープしている、ということを意識して欲しい**のです。それを意識するだけで、仕事の質が変わってきます。

与えられてやっている仕事から、「努力してやっている仕事」という意識になり、結果、同じ仕事でもより良いものになるのです。会社とはシビアなもの。その仕事をもっと良くできる人がいれば、たちどころにその人に、自分の気に入っている仕事は奪われてしまうでしょう。

私の上司の一人は、部下にいつも「好きな仕事は奪い取れ。奪ったら何としてでも死守しろ」と言っていましたが、それは、仕事はラッキーで存在しているわけではないと教えていたのです。

もう少し話を大きくして、自分が以前からやってみたいと思っていた仕事やポジションがあるとします。自分には無理とあきらめますか？　それとも、やるだけやってみますか？　何も失うものがないのであれば、努力してみるのも手ですね。上司に頼み込んだり、社内外のツテを頼ったり、あれこれ様々な方向から手を尽くしてみた結果、そのチャンスをつかんだとします。信じられない！　と喜びでいっぱいになると思います。

けれど、そこからが始まりです。そうやって**手に入れた仕事は、どんなに辛くても大変でも、必死で食らいついて下さい**。ブルドッグは一度噛みついたら絶対に放しません。その要領です。

今どんな仕事をしているとしても、やりたいことがあるのであれば、それを目指しましょう。目的を持って仕事をしていれば、きっと結果に結びつきます。手に入れる仕事に限らず、普段から何があっても狙ったものは逃さない、放さないブルドッグ精神でいることを意識していれば、そこに熱意が加わります。そこまで手放したくない仕事ですから、誰よりも自分がそれをやるにふさわしくなるための努力を惜しまないでしょう。そうこうしているうちに、自分も仕事の質も高められていくのです。

□やりたい仕事は、食らいついて放さない「ブルドッグ」スタイルで手に入れる

10
評価

評価されているのは「人格ではなく仕事」なのだと理解する

自分が認められていない、評価されていないと感じたとき、凹《へこ》みますね。それに批判やお叱りが加わったらトドメを刺された気分になります。とてもよく分かります。

でも実は、どう受け止めるかによって、その後の自分が大きく変わってくるのです。

同僚のSさんには強みがありました。それは、どんなに批判されても、落ち込まないということ。その秘密は、とてもシンプルなことでした。彼は、「どんな批判を受けても、自分の人格を否定されているわけではない」という事実を知っていたのです。

悪い評価も辛い批判も、仕事や行動に向けられているのであって、決してあなたの人格を否定しているものではありません。

同じことが起こっても、いつまでも恨み辛みを言ったり、この世の終わりと落ち込む人は、この点を混同しているからなのです。悪い評価や批判には、「自分がダメなわけではない」と自分に思い出させて下さい。すると、気持ちがずっと楽になります。

今直面している評価は、「自分がしている仕事」に対してのこと。それが分かったら、冷静にその内容を分析してみましょう。「確かに上司が言っていることは一理あるかも……」と思えるのであれば、躊躇せずにそこを修正します。また一つ、レベルアップのチャンスです。そうすれば、不愉快なはずの評価が、自分にとって有益なものになるのです。

けれど、どう冷静に考えても不公平な評価だと思ったら、上司に説明を求めましょう。ムキになる必要はありません、素直に教えを乞うのです。ちゃんとした上司であれば、説明をしてくれるはずです。

でも万が一、「そんなことも分からないのか」と言われたら、それはロクでもない上司です。だったら余計のこと、そんな人に自分の気分を害されるなんて時間の無駄ですね。神妙な顔をして、「申し訳ございません。ありがとうございます」でかわしましょう。

評価や批判があったら、自分が成長できるチャンス。その事実だけに集中すれば、むやみに落ち込まなくなります。

□**評価は自分の「仕事」に対してのことだということを忘れずに**

おわりに

お疲れ様でした！

ミッションの数々、無事にクリアしていただけましたか？

もう既にご存知だったこともあったかと思います。

でもここでは、「知識として知っていても実践しなければ宝の持ち腐れ、実にもったいない！」ということを分かっていただきたかったのです。

社会に出ると、今まで誰も教えてくれなかったことでつまずくことがたくさんあるのではないでしょうか。周囲に比べて自分の能力が劣っているように感じたり、やる気がなくなったりすることもあるかもしれません。

けれど落ち込む必要はゼロなのです。

なぜなら、それは皆さんの能力が問題なのではなくて、その能力を生かす方法が分からなかっただけだからです。

ここまで読んでいただけたのであれば、確実に皆さんは昨日までとは違っているはず。あとはぜひ、実際にそれを仕事で試してみて下さい。きっと手応えを感じていただけるでしょう。

本書が、皆さんが変わるちょっとしたきっかけや、仕事で困ったときの駆け込み寺のようになればと願ってやみません。

仕事は決して楽しめないものではないのです。

ほんの少し工夫をするだけで、悩みやストレスを最小限に抑えた仕事が可能になることを、どうか頭の隅にいつも置いておいて下さい。

皆さんの考え方次第で、可能性は際限なく広がります。そして面倒くさかった仕事にも、ちょっとだけ興味が出てきたりするのです。

最後になりましたが、いつもポジティブエネルギー全開で私の執筆を支えて下さった幻冬舎の杉山様と、根気強く私の原稿をまとめて下さった三宅様に、心から感謝を申し上げます。楽しいアイディアをたくさんいただいて、笑顔で本作りができました。

また、どんなときも冷静に、的確なアドバイスを下さるプレスコンサルティングの樺木先生にも、この場をお借りしてお礼を申し上げます。

頑張ってミッションをこなしている「戦友」の皆さんを、いつも心を込めて応援しています！

フラナガン裕美子

イラスト　田渕正敏
装丁　小口翔平＋岩永香穂（tobufune）
企画協力　樺木 宏（プレスコンサルティング）

〈著者紹介〉
フラナガン裕美子（ふらながん　ゆみこ）
国際コミュニケーション・コンサルタント。1967年生まれ。津田塾大学学芸学部英文学科卒業。バンカース・トラスト銀行から秘書のキャリアをスタートし、5つの外資系企業と日系企業で、8ヶ国のエグゼクティブをサポート。2012年、ノムラ・アジア・ホールディング副会長付秘書のポジションで同社を退職し、独立。現在は、香港を拠点に国際コミュニケーションやビジネスのコンサルティングに従事している。

伝説の秘書が教える
「NO」と言わない仕事術
2016年5月25日　第1刷発行

GENTOSHA

著　者　フラナガン裕美子
発行者　見城 徹

発行所　株式会社 幻冬舎
〒151-0051 東京都渋谷区千駄ヶ谷4-9-7

電話：03（5411）6211（編集）
03（5411）6222（営業）
振替：00120-8-767643
印刷・製本所：図書印刷株式会社

検印廃止

Printed in Japan
ISBN978-4-344-02948-4 C0095
幻冬舎ホームページアドレス　http://www.gentosha.co.jp/

この本に関するご意見・ご感想をメールでお寄せいただく場合は、
comment@gentosha.co.jpまで。